U0016158

超省錢！

美食、美景，身心靈一次滿足

來去寺廟住一晚

943 著

住香客大樓需注意的事項：

- 香客大樓只收清潔費，非一般飯店，住宿請彼此體恤打掃義工的辛勞，房間請維持整潔、勿留大量垃圾。也請將心比心，勿作過度的要求。
- 禪房住宿為宗教清靜之地，請勿大聲喧嘩、打牌賭博或做出不妥行為。
- 香客大樓多由義工打掃，不收小費，反能練習相互體諒、隨遇而安。
- 寺廟住宿多半陳設簡單，沒有奢華享受，反能練習簡單生活，不被物質欲望束縛。

用一星級的價格，體驗超越五星級的國內旅遊

大家是否覺得：飛往海外的廉價航空機票越來越便宜，但國內住宿價格卻年年水漲船高？二〇〇七年我到南亞旅行一個月，在印度老被當地居民誤認是日本人或韓國人，這裡的觀光客，幾乎都是因為國內旅行費用遠比出國昂貴，而一窩蜂湧入物價低廉的印度和尼泊爾，例如知名的喜瑪拉雅藥妝產品，更是常被韓國觀光團一掃而空。

當時我觀察到這個現象，心裡想著：「台灣這麼美麗，如果有一天也步上他們的後塵，民眾都被高旅費逼得出走家鄉旅行，不是很可惜嗎？」於是二〇〇八年起，我開始著手整理台灣省錢旅行的資料。

我心血來潮在部落格發表了一篇〈全台寺廟香客大樓借宿資訊一覽〉，這篇文章經過數年的口耳相傳，點閱數竟出乎意料地接近三十萬，除了我分享機票特惠訊息的日子

以外，這篇香客大樓資訊經常蟬聯每日熱門文章第一名，轉載與轉寄更是不計其數，還意外引發香客大樓成爲各大搜尋網站的熱門關鍵字，這也讓我更加確定：「即使在鼓勵奢華享受的今天，平價住宿還是有極廣大的市場需求。」

但長久以來，民衆對於便宜旅館或香客大樓的刻板印象就是陰暗又老舊，有誰願意買回通篇全是介紹簡陋通鋪的旅遊書呢？這期間雖然也有幾家出版社邀我撰寫國內旅行書籍，但可惜全都卡在這個天險上。後來，圓神出版社提議從淨化心靈的角度切入，令我精神爲之一振，是啊！誰說旅行只是換個地方吃喝玩樂呢？

其次，請容我野人獻曝地重提拙作《943窮學生懶人食譜》中實踐的「效率用錢術」——誰說省錢一定就會犧牲品質？不以營利爲目的的香客大樓，就是以服務神明與大衆的出發點提供住宿，自然是便宜又大碗！更令人欣喜的是，在我逐一採訪的過程中，也發現近兩年來，新一代的香客大樓幾乎都改建爲新式套房，有些規格甚至媲美五星級飯店，香客大樓不再全是傳統印象中採光不佳的上下鋪了！

因此，本書幫大家嚴選各縣市二十餘間相當超值的香客大樓住宿，它們多半位在山明水秀、地靈人傑之地，有些設備齊全，不但與商務旅館或民宿無異、通過消防安檢、還各具特色，例如房內溫泉、養生藥浴、靜心課程，有的能遠眺一〇一大樓煙火，甚至還有榮獲米其林三星的景點！但與一般旅館不同的是，香客大樓沒有以獲利爲目標，也沒有業績壓力，只收取爲數不多的清潔管理費，眞是未來平價住宿的新趨勢！

但也得請大家先別太快把新式香客大樓和旅館畫上等號，甚至以飯店的標準要求獲得同等服務，畢竟價位和對象完全不同，廟方也多半由義工或志工負責房務，將心比心是很重要的，不少貼心的房客甚至會主動將自己製造的垃圾隨手帶走呢。

此外，有些禪房雖然翻新，但本著不鼓勵奢華的立場，僅提供簡單基本的設施，也許住慣大飯店的人會有些不習慣，不過在我看來，香客大樓不僅僅是以一到二星價格住到四到五星設備的超划算選項，也是淨化心靈、期許未來、認識寺廟文化的新玩法，有些簡易住宿還能讓我們減少對奢華物質的追求、練習體諒打掃義工或體察周遭環境一草一木，體驗有別以往的旅程。

總之，在忙碌的現代生活中，無論是拋開俗事出走小住、遠離水泥森林、擁抱自然山海，或學習和自己獨處，都是掃除煩憂的好方法。就從今年開始給自己放個假，來趟心靈淨化的充電之旅吧！

INDEX

目錄

超便利

賞山林

享水景

求保庇

滌身心

PLUS

誰說寺廟都在荒山野嶺？位居市中心的寺廟住宿，讓你既有都市的便利，又能享受遠離塵囂的寧靜！

超便利

台 北

250元入住北市信義區

松山奉天宮

位處台北盆地邊緣的四獸山山腳，卻緊鄰全台北市最精華的信義計畫區，可遠眺台北一〇一大樓，走出寺廟過馬路便是公車站，搭車到市政府轉運站只要十分鐘。前可攻鬧市，後可守山林，這麼方便的住宿地點竟然是香客大樓!?而且每人每晚二五〇元起？真是物超所值！

松山奉天宮又名「天公廟」，位於台北市東南角虎山山麓旁，供奉玉皇上帝。副祀五路財神、文昌帝君、註生娘娘等神祇，無論是求財、考試或求子都十分靈驗。多年前曾有一人，最窮途潦倒時走投無路，不得已只得在神桌下暫時棲身三天，後來得以赴日發展，竟大發衣錦榮歸，於是捐贈近百萬元還願，傳爲美談。

這樣就開運

到奉天宮可於擲筊請示，得到三個聖筊後領取平安香火袋，在香爐上「過爐」三圈後就可以隨身攜帶保平安。還有費用隨喜的「旺旺金元寶」可以請回去「補財庫」。

每個假日中午十二點前，還可以品嘗信眾免費分享的平安麵，乾麵配上香噴噴的拌醬，總是吸引大批民

▼請回家補財庫的「旺旺金元寶」。

▲求姻緣、祈健康，點上一盞平安燈。

眾排隊領取，吃到肚裡保平安。

想求姻緣的善男信女可擲筊向月老祈求紅絲線，或點「姻緣燈」。點燈全部電腦化作業，登記完後兩天，就能在燈柱旁的電腦自行查找自己點燈的位置。也可以祈求華佗仙翁保佑身體健康，或幫家人點「天醫燈」祈禱早日康復，另有大悲水及定期收驚服務。

二樓西廂太歲殿提供可請回的太歲星君平安卡，可依照每人不同的生肖和出生年找尋庇護自己的太歲將軍，費用也是隨喜投入功德箱。殿外還有圖書館開放一般市民閱讀，沈浸書香。

這樣好靜心

想讓心靈沉靜或紓壓不一定要把自己丟到深山野外，松山奉天宮的後方不遠就是虎山自然步道，每天早上都有民眾順著步道階梯拾級而上，上有綠樹遮蔭、旁有溪谷鳥鳴，是許多市民最愛的散心健身去處。

周遭散心路線

散步二十多分鐘可到信義商圈的百貨公司、一〇一大樓、威秀影城、誠品書店、四四南村等。往北則有五分埔成衣商圈和饒河街夜市。

▲禪房走廊即可遠眺101，三樓頂樓亦開放民眾進入觀看煙火。

附近美食

步下寺廟階梯就有小吃麵店，或就近前往福德街覓食，廟方人員推薦人氣不錯的郭家素食壽司，但晚上不營業。可散步到饒河街夜市或永吉路30巷，有麻辣豆腐、麵線肉羹等美食。

▲禪房位於二樓，共約二十間，西側房間面向台北一〇一大樓。

住宿介紹

禪房位於二樓，共約二十間，由於西側房間面向台北一〇一大樓，三樓頂樓又開放民眾進入觀看煙火，因此每逢跨年時，禪房都是不到十月就被預約一空。

通常台北市區能看到一〇一大樓的旅館，要價數千、甚至上萬元，能夠只花半價以下的價格就住到乾淨又安靜的房間，非常物超所值。

面向一〇一大樓的房間非常熱門，往往最早就客滿。

十六人房也歡迎背包客或環島單車客入住，並盡量不與陌生人同房，但只接待兩人以上的住客，單人住客不接。由於人多，房中有兩套衛浴可輪流使用，相當貼心。

若團體客還備有司機房，可預約合菜，每桌晚餐二〇〇〇元，早餐六〇〇元，最多十人一桌，葷素皆有，還有大會議室可洽商使用。

大殿有ｗｉｆｉ，洗衣機不需投幣，廟方還準備四組大鍋爐，不必擔心洗到冷水。禪房走廊貼心配置泡茶區，可供三五好友在此泡茶談心。

松山奉天宮

台北市信義區福德街221巷12號

（02）2727-9765 住宿預約轉101

www.ftg.org.tw

交通

搭乘公車46、207、257、263、藍10、信義幹線，或從永春捷運站2號出口搭263公車10分鐘，即可抵達寺廟山腳的「奉天宮站」。

房型

類型	間數	清潔費	房內設備	房外設備
2人套房	1	$1000/間	冷氣、電視、冰箱、桌椅、電水壺、茶包、杯子、吹風機、衣架、拖鞋	洗衣機 飲水機
3人套房	2	$1400/間		
4人套房	1	$1800/間		
6人套房	1	$2700/間		
16人套房	14	$250/人	中央空調、電扇、吹風機	

訂房

訂房	收費方式	門禁	盥洗備品	可否攜葷食	男女分房	停車場
需預約	開感謝狀	無，鑰匙需押金	無	可	無要求	小客車30~40輛

推薦指數

交通便利度	生活機能度	住宿舒適度	景觀怡人度	接待親切度
★★★★ 公車或開車	★★★★ 附近有小吃	★★★ 乾淨樸實	★★★★ 遠眺101	★★★ 人員親切

總評：距離台北市中心不遠，鬧中取靜又能遠眺101，是台北住宿中相當物美價廉的選擇。

台北

青山旁遠眺101大樓

松山慈惠堂

能遠眺一〇一大樓，旁邊又是適合散心的自然步道，松山慈惠堂不但結合以上兩種優點，距離台北市中心的交通方便不說，入住還不需花大錢，更能順便祈福或欣賞藝文表演，實在是個不錯的住宿地點。

松山慈惠堂位於台北市信義區福德街，主神爲瑤池金母，也就是王母娘娘，副祀玉皇大帝、文昌帝君、五路財神、金母大天尊、地藏王菩薩、值年太歲、土地公等神祇，香火十分鼎盛，各種文化、濟世的活動也非常多，如藝文表演、愛心園遊會、捐血、成年禮活動等。每逢母娘文化季，都會在台北各大表演場所舉辦各種藝文表演，入住的訪客可於慈惠堂服務處免費索取門票。

這樣就開運

正殿門口有一巨型大元寶，據說「正摸得正財、左摸得偏財、摸珠得招財、摸透

透攏全到」，常可見到民眾雙手撫摸大元寶，祈求日日進財。

慈惠堂香火十分鼎盛，過年時更是人山人海，每逢農曆春節，這裡總是擠滿新年祈福的人群。除了點燈祈求消災，民眾也常到五路財神殿擲筊求取發財金。過香爐後隨身攜帶。還有「補財庫金」的金元寶及環保金紙，以及護身符、祈福卡、平安米和福袋。許多信徒將許下願望的風鈴繫在殿內，祈求獲得神明加持。

在前往慈惠堂的路上便可見到「四獸山市民森林」之「虎山自然步道」入口，依路標指示可走許多不同路線，從入口右方的平緩步道沿著虎山溪谷進入，坡度和緩，適合扶老攜幼於一小時內走完。另一條中程路線則是大約兩小時的上下坡，也可見到許多以爬山作爲健身目的的退休族。步道最遠的支線更能走到內湖、南港。沿途不但能飽覽虎山溪谷豐富的生態環境及俯瞰台北市區東南角，更能吸飽山林的芬多精，洗滌心靈，無論是散心或健身，都是免費的好去處。

周遭散心路線

逛街路線：搭公車十分鐘或散步大約半個小時，即可抵達捷運市政府站及市府轉運站，其周邊有信義商圈的百貨公司、誠品信義旗艦店、華納威秀影城、一〇一大樓、四四南村、松山文創園區等。往北則有五分埔成衣商圈和饒河街夜市，非常方便。

踏青路線：從慈惠堂隔壁的「虎山自然步道」入口拾級而上，便是順溪谷而建的步道，每天早上都有許多民眾來此登山健行，一個小時即可走完小圈，是適合全家的輕鬆路線。

附近美食

巷口的福德街上有許多各式餐飲，其中廟方人員推薦資深藝人秦菲菲開的豆漿店。還有信義路六段的北平餡餅粥，由於平價美味，每天總是很早就客滿，建議盡早前往。

名聞遐邇的饒河街夜市就在腳程半小時的範圍內，也可搭公車到市政府捷運站的百貨區或永吉路三〇巷尋訪美食。山腳福德國小對面有二十四小時的永和豆漿大王，半夜也能填飽肚子，早上還有為服務眾多登山族而生的早市。

▲新式VIP房間具星級飯店水準。

住宿介紹

慈惠堂的住宿有新舊兩種：既有住宿則走傳統上下鋪風格，乾淨、簡單、整潔，每日都會打掃並打開所有衣櫃、抽屜及除濕機，以免產生霉味。除非客滿，否則盡量不會與陌生人同房。

新式房間僅落成兩年，全部稱爲VIP房，有兩人房與樓中樓七人家族房兩種房型。其中一邊還能眺望翠綠青山旁的台北一〇一大樓，視野怡人，十分受到歡迎。收費通鋪房只要每人二五〇元，VIP房則是兩人房二五〇〇元、七人房三五〇〇元，以台北的房價能住到此等價

格，還附早餐，眞是打著燈籠也找不到的物超所值！

若要預約欣賞跨年煙火，建議提早半年以上預訂面向一〇一的房間，以免向隅。

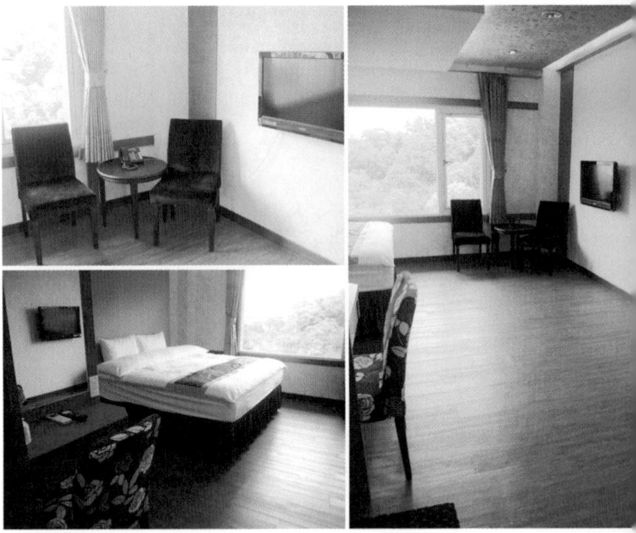

新式房間僅落成兩年，全部稱為VIP房，有兩人房與樓中樓七人家族房兩種房型。

松山慈惠堂

台北市信義區福德街251巷33號

（02）2726-1735

www.sstht.org.tw

交通

搭乘公車257、263、286、藍10、信義幹線，或從永春捷運站2號出口搭263公車10分鐘即可抵達位於慈惠堂山腳的「福德國小站」，再步行約10分鐘緩坡上山腰即可。

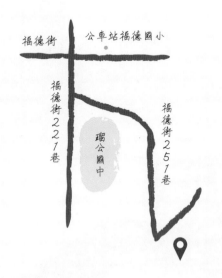

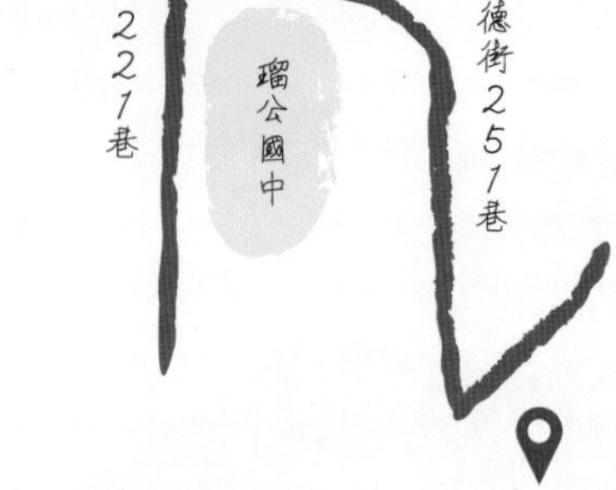

房型 傳統式上下通鋪房

類型	間數	清潔費	房內設備	房外設備
8人上下鋪套房	6	$250/人	冷氣、吊扇、枕頭、棉被、枕頭桌椅、衣架、掛勾、拖鞋 、沐浴乳、洗髮精	飲水機 電梯
10人上下鋪套房	9	$250/人		
16人上下鋪套房	10	$250/人		
20人上下鋪雅房	6	$250/人		

訂房

訂房	收費方式	門禁	盥洗備品	可否攜葷食	男女分房	停車場
需預約	開感謝狀	需在9pm前入住，無提供房間鑰匙，需請櫃台開門	無	不鼓勵帶食物回房食用	男女分房除非家族	小客車約200輛

房型 新式VIP房

類型	間數	清潔費	房內設備	房外設備
2人套房	4	$2500/間	冷氣、電視、第四台、冰箱、電話、電扇、桌椅、枕頭、衣架、掛勾、拖鞋、礦泉水、紙杯、茶包、燒水壺、吹風機、毛巾、浴巾、牙刷、牙膏、沐浴乳、洗髮精、衛生紙、早餐、wifi	飲水機 電梯
7人樓中樓套房（雙人床+樓上5床墊）	9	$3500/間		

訂房

訂房	收費方式	門禁	盥洗備品	可否攜葷食	男女分房	停車場
需預約	開感謝狀	需9pm前入住，有房間鑰匙	有	不鼓勵帶食物回房食用	男女分房除非家人	小客車約200輛

推薦指數

交通便利度	生活機能度	住宿舒適度	景觀怡人度	接待親切度
★★★★ 公車或開車	★★★★ 巷口為小吃街	★★★★★ VIP房美觀	★★★★ 遠眺青山及101	★★★ 人員親切

總評：飯店等級的VIP房卻比民宿還便宜，空氣清新、地靈人傑，要搶要快。

高雄

吃喝玩，散步皆可達

新莊天后宮

高雄新莊天后宮和新北市的新莊沒有關係，而是位於高雄左營新莊區。將近半世紀前，信眾從台南的山上天后宮恭請神明到高雄建廟，原名為「高雄山上天后宮」，二〇〇八年改名為「高雄新莊天后宮」。

高雄新莊天后宮的主帥爲「副玉二聖母」，因爲母廟「台南山上天后宮」主神爲「玉二聖母」，其副尊便是「副玉二聖母」。但高雄新莊天后宮與其他天后宮不同，敬奉的並非媽祖，而是玉皇大帝的玉妹。

高雄新莊天后宮還祀奉天上聖母、玄天上帝、中壇元帥、福德正神、註生娘娘、太歲星君等神祇。有不

少信眾來此點光明燈、太歲燈祈禱平安消災。一些祈求事業進財順利的香客在此點財神燈，或求取「八寶轉運錢」，還有可塞入財神符或平安符的「南三媽」鑰匙圈。

供桌上有天上聖母大悲水可隨喜取用，還有「福祿壽麵」及「平安米」，祈求吃了能福慧增長、平心靜氣。文昌府中有不少考生寄放的准考證影本，或在此以「文昌疏文」祈求智慧開竅、學業考試及功名順利，還有很少見的「金包粽」的粽子造型祈福吊飾。

這樣好方便

高雄新莊天后宮位於高雄市中心，距離高鐵左營站不遠，只需搭一站捷運就可抵達。距離附近的瑞豐夜市（往西南）和金獅湖（往東）也都只有徒步三十分鐘的距離，即使沒有開車，散散

步也就到了，十分方便。

周遭散心路線

金獅湖風景區占地二十五公頃，可以騎機車或單車遊湖，或穿過長長的金獅湖橋。湖畔有保安宮和道德院可走走，還可看到高雄有名的半屏山。

附近美食

散步約半個小時，可走到瑞豐夜市大啖各式小吃。瑞豐夜市每週二、四、五、六、日營業，週一、週三公休，晚上大約八點後人聲鼎沸。必吃小吃有萬國牛排、酥炸大魷魚、蒙古烤肉、新疆小肥羊羊肉串、鳳梨蝦球、炸鮮奶、黃金點頭雞等。

▲離高雄巨蛋也不遠。

位於高鐵左營站附近的蓮池潭風景區，也是高雄知名的親水區域，夏日時分潭裡開滿蓮花，吸引不少遊客，風景區內有孔廟、龍虎塔、九曲橋、通天鎮地柱等，是大都市中難得的綠意湖景。

住宿介紹

雖然地址不同路段，但香客大樓就位在廟宇隔壁，二〇一〇年全新完工，有套房及通鋪兩大類型，還有會議室、交誼廳。平時由義工整理得很乾淨，雖然不一定如飯店清潔人員專業，但新穎的設備住起來就像新蓋好的民宿一般。

高雄新莊天后宮

【廟宇】高雄市左營區重清路278巷51號
【住宿】高雄市左營區自由三路178巷2號
（07）341-0080
www.ks-tienhou-temple.com.tw

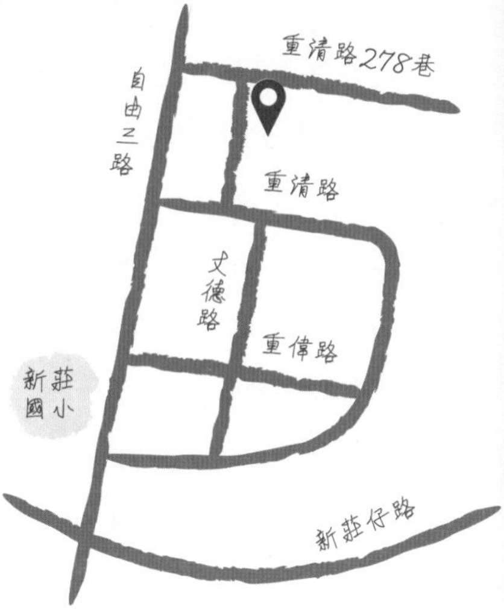

交通

從高鐵左營站轉搭高雄捷運，至「生態園區站」或「巨蛋站」下車後往自由三路方向，徒步約15分鐘可達。

房型

類型	間數	清潔費	房內設備	房外設備
4人套房	8	$1600/間	冷氣、電視、電扇、電話、枕頭、棉被、衣架、掛勾、拖鞋 、衛生紙、吹風機、牙刷、牙膏、杯子	飲水機 電梯
6人套房	1	$2400/間		
7人套房	2	$2800/間		
30人上下鋪套房	2	$250/人		

訂房

訂房	收費方式	門禁	盥洗備品	可否攜葷食	男女分房	停車場
需預約	開感謝狀	需10pm前入住、給房間鑰匙	有	可	無要求	小客車10輛

推薦指數

交通便利度	生活機能度	住宿舒適度	景觀怡人度	接待親切度
★★★ 捷運或開車	★★★★ 附近有夜市	★★★★ 新穎乾淨	★★★ 廟前大榕樹公園	★★★★ 人員親切

總評：藏身在高雄鬧區的新穎香客大樓！

屏東

最靠近墾丁，
全台最大土地公廟

車城福安宮

你想在墾丁旅行時，入住一人只要一到五百元的超便宜套房嗎？不要懷疑，就在距離墾丁二十五分鐘的車城，可以用比市價便宜許多的價格，就能住進享有空調和電視的舒服套房！

車城福安宮有全台灣甚至東南亞最大土地公廟的盛譽，創建於明朝永曆十六年（一六六二年）間，是已有三百多年歷史的古老廟宇，其中必訪的是身著乾隆皇帝御賜王冠及龍袍的福德正神、清代石碑，以及令信徒嘖嘖稱奇，被譽爲「神明點鈔機」的巨大金爐，這金爐可是經過多次實驗後製成，只要將金紙往爐口一放，金紙就會基於空氣力學原理，一張張順著熱流氣旋紛紛自動飄入火焰中，巧妙的設計也吸引不少民眾慕名而來。

這樣就開運

福安宮主祀福德正神，前殿四樓供奉觀音、藥師佛及文殊師利菩薩，樓上為太歲星君，後殿凌霄寶殿則祀奉玉皇大帝、南北斗星君和三官大帝。

福安宮裡還可請回包裝可愛的「平安發財米」，帶回家後取一些混入一般米中煮食，也有信徒拿來當作車內吊飾。福安宮

福安宮
福德正神聖誕千

的光明燈是一尊小小的土地公，相當特別，而求財及籤詩據傳相當靈驗，吸引大批信徒前往參拜尋求加持，尤其是從事與土地相關行業，如建築業、房仲等人士。

離墾丁最近的大型香客大樓

福安宮位於進入恆春半島入口處的車城，也是從高雄或屏東前往墾丁的必經之路，到了車城，距離墾丁就只剩不到半個小時的車程了。

每年墾丁舉辦春天吶喊音樂

▼福安宮距離墾丁海天一色的美景，近在咫尺。

季時，福安宮便宜又乾淨的香客大樓更是一房難求，成了年輕觀光客最愛的平價住宿地點，每年春吶都在一個月前就預約一空，相當受歡迎。但廟方表示即使客滿也不會安排住客與陌生人同房，非常貼心。

周遭散心路線

一年四季洋溢熱帶海洋氣息的墾丁，是許多人放鬆度假最愛的選擇，而恆春半島多元又豐富的生態資源及地景風貌，如四重溪溫泉、旭海草原、海口沙漠、

▼墾丁有許多具有異國風情的店家。

社頂自然公園、國立海洋生物博物館，也是大自然愛好者的最佳去處。再加上有電影《海角七號》及《少年Pi的奇幻漂流》拍攝場景的加持，恆春半島與墾丁更是許多人心目中的最夯景點，無論你想走自然路線或人文路線，恆春半島都能滿足你的旅行味蕾。

附近美食

福安宮後方有規模相當龐大的市集，專賣當地特產，值得一看的有「恆春三寶」之一的洋蔥，以及屏東盛產的鹹鴨蛋、蓮霧、釋迦，還有點心「綠豆蒜 」（去殼的綠豆湯）。其中洋蔥因長年接受乾熱的落山風吹拂而十分鮮甜多汁，溫泉鹹鴨蛋香氣十足又不死鹹，再加上特製研發的「洋蔥蛋捲」，濃郁的洋蔥香味吸引許多遊客在福安宮買得滿手大包小包的各式土產。

廟方人員推薦香客大樓旁的「客婆客家菜」及隔壁的「香記綠豆饌」，住在這裡不必擔心民生問題，小吃店相當多，也有幾家超商可補買生活必需品。

住宿介紹

福安宮香客大樓建築雄偉，有將近十層樓，內部有一百個房間，可容納上千人，規模相當龐大，設備也有旅館級的水準。共有兩種房型，一是適合一般小家庭的四人雙床套房，二是進香團常住的十八人團體套房，是相當物美價廉的選擇。

701

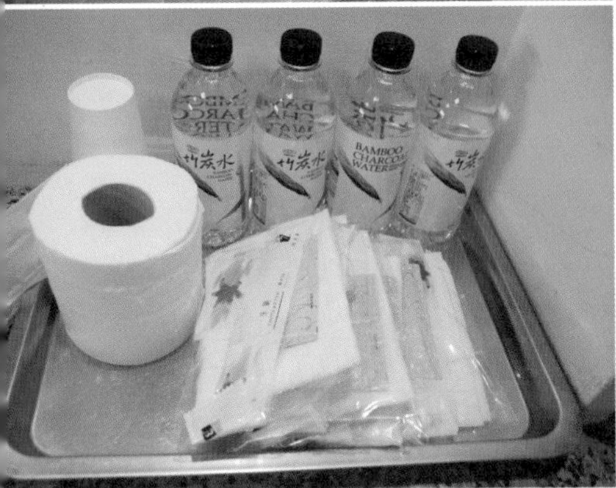
竹炭水
BAMBOO
WATER

車城福安宮

屏東縣車城鄉福安路51號 （08）882-1345

交通

最方便的是搭乘「墾丁快線」，從高鐵左營站約兩個小時可抵達車城，再半個小時抵達墾丁。其他有從高雄火車站、屏東火車站、小港機場發車的客運（國光客運、高雄客運、屏東客運），因走平面道路，則大約需三小時。從墾丁發車的客運大約25~30分鐘就會抵達車城。

「墾丁快線」由數家客運聯合經營，其中國光客運的車體有洗手間和wifi無線網路，其他客運則供應飲水，來回票比單程票便宜。

房型

類型	間數	清潔費	房內設備	房外設備
4人2床套房	50	平日$1600 假日$2000/間	中央空調、電風扇、電視、枕頭、棉被、衣架、桌椅、掛勾、拖鞋 、熱水瓶、吹風機、電話、牙刷、肥皂、洗髮精、衛生紙、飲用水、紙杯、wifi	飲水機 電梯
9張雙人床3衛浴團體套房	50	$3000/間	中央空調、電風扇、枕頭、棉被、衣架、掛勾、拖鞋 、吹風機、wifi	

訂房

訂房	收費方式	門禁	盥洗備品	可否攜葷食	男女分房	停車場
需預約	開感謝狀	無， 給房間鑰匙 3pm入住11am退房	2床套房有簡單盥洗備品，9床套房則無	可	無要求	小客車 50~60輛

推薦指數

交通便利度	生活機能度	住宿舒適度	景觀怡人度	接待親切度
★★ 客運或開車	★★★★ 廟前小吃街及超商	★★★ 簡單樸實	★★★ 遠眺海景	★★★★ 人員親切

總評：墾丁地區最物超所值的平價住宿！

宜蘭

羅東夜市徒步5分鐘

聖安宮媽祖廟

通常寺廟香客大樓都位在遠離塵囂的山間或海邊，不但交通不便，附近更常缺乏生活機能，但宜蘭的羅東聖安宮香客大樓卻是距離羅東夜市只有五分鐘腳程的「超方便」住宿點。而且通鋪每人只要兩三百元，適合全家大小一起來！

如果在羅東街上詢問「聖安宮」，十個人有八個不知道，因爲當地人都稱聖安宮爲「嘉義媽祖廟」或「嘉義仔廟」。這是因爲半世紀前許多嘉義人移居到羅東打天下，並從嘉義笨港的港口宮奉迎天上聖母媽祖到羅東奉祀，嘉義人當然飲水思源膜拜從嘉義迎來的媽祖，因此要說「媽祖廟」或「嘉義的廟」，當地人才比較知道。

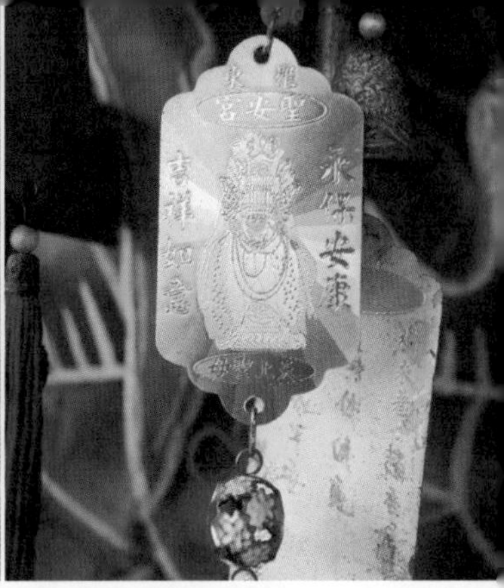

這樣就開運

聖安宮媽祖廟除了供奉媽祖，還有土地公、註生娘娘及三太子，香火鼎盛，常有各縣市進香團前來參香。可點燈祈福，或將許願祈福風鈴懸掛在廟門口石柱上。

這樣好方便

聖安宮媽祖廟的地理位置十分便利，只要徒步五分鐘，名聞遐邇的羅東夜市就近在咫尺，晚上要逛街或補給生活用品都相當方便。從羅東火車站或羅東轉運站散步到聖安宮媽祖廟，也不會超過半個小時。走法相當簡單，從羅東火車站站前的公正路一直走，公正國小旁忠孝路左轉，再走不遠就到了。

周遭散心路線

距離羅東夜市與羅東運動公園很近，鄰近有國立傳統藝術中心，搭火車到附近鄉鎮還有冬山河親水公園、武荖坑風景區、蘇澳冷泉等知名景點。

如果覺得只有吃吃喝喝

的旅遊太無聊，建議可到鄰近冬山鄉的三泰有機茶園體驗採茶和手工揉茶。體驗採茶前，農場人員會解說並示範指導如何辨認及摘取「一心二葉」、介紹茶園的有機生態以及茶農的辛勞。而手工揉茶的部分則是將剛採收的茶葉由農場人員「炒青」，再指導體驗如何將茶葉揉捻出水，最後還能把自己努力的成品帶回家。

搭區間車遊東部

如果你在平日出遊，不開車、又沒有足夠體力騎單車環島，又覺得快車錯過太多美麗風景，那麼區間車是相當不錯的選擇。

三泰茶園

農場人員解說有關茶的各種知識，並可親身體驗。

（照片由宜蘭縣政府農業處提供）

尤其台北到花蓮的火車票一票難求，但只要搭客運到羅東，再到轉運站隔壁的火車站搭區間車，一樣可以到花蓮，不怕買不到票，不但時間可以省大約一個鐘頭，兩段車票總價也比台北到花蓮的自強號省下近兩百元，更多了羅東這個景點可遊玩，眞是一舉數得呢！

平日搭區間車是相當閒適的，從前搭快車時一閃而逝的小站車牌，現在不但能趁著停車的空檔拍照，還能呼吸到當地泥土的氣息，每一站一打開車門都是一個小驚奇。

附近美食

羅東夜市知名美食包括宜蘭特產卜肉、糕渣，以及羅東夜市有名的蔥肉串、包心粉圓、紅豆湯、湯圓冰等。往羅東車站的公正街上有不少名產店，可選購宜蘭餅、三星蔥等特產。

「阿灶伯」當歸羊肉湯攤子前總是大排長龍，沙茶羊肉炒麵的羊肉相當多。隔壁的「羊鋪子」也有各種羊肉料理，在網路上各有其擁護者。

在羅東上車前往花蓮的區間車上，平時搭自強號來不及細細品味的綠山與藍海，現在全都是你的了。在空空蕩蕩的區間車裡，有時會坐著幾位搭火車到羅東大採買的原住民婆婆，你可以和這些婆婆聊天，她們會用泰雅族口音熱心地提醒你：在漢本站以前要坐東朝西看山，過了漢本站以後就要坐到另一側，因爲蘇花的海岸百看不膩。

假日的區間車可熱鬧

了，有時會一下子湧上來滿滿的人潮，尤其是傍晚時分從花蓮站或太魯閣站上車、準備回到蘇澳新站搭遊覽車的陸客，你很可能會在第一、二車遇到他們。如果你想作田野文化觀察，可以聽聽看他們在聊些什麼。如果你只想圖個清靜，往後面的車廂走，車上的乘客就會逐漸變爲以低頭族爲多的安靜佈景。

到了羅東，若是晚上，則推薦走到羅東夜市逛逛。直走公正路，遇警察局左轉，再循著人潮走，就到了熱熱鬧鬧的羅東夜市，到這裡打打牙祭，再搭客運回台北，能讓旅途的尾聲多一分精彩，羅東眞的是不錯的中繼站啊。

住宿介紹

　　寺廟旁就是樓高六層的香客大樓，共有三十餘間房間，共可容納四百人左右。所有房間都是通鋪型住宿，三樓是每間可住四到六人，爲內有衛浴的套房。七樓每間可住五到十二人，進香團則多半入住六樓大間二十人的上下大通鋪。

　　雖然不是套房，但每間的採光都很明亮，通風也不錯，棉被無霉味，木質床板也打掃得非常乾淨，與一般刻板印象中既潮濕又陰暗的通鋪香客房相去甚遠。更重要的是有電梯可抵

達各樓層，無論對於行李多的家庭或行動不便者都十分方便。

二樓交誼廳有電視可看，並備有寬大茶桌可供泡茶聊天。

若十人以上團體需要在廟裡用膳，早餐每桌十人五百元，全素食。晚餐可葷可素，十人一五○○元。

收費標準很簡單，凡是「上下鋪」房即每人清潔費兩百元，「非上下鋪」房則每人三百元。單車客、背包客也歡迎。

但值得注意的是，聖安宮媽祖廟平日週一至週五和週日僅收五人以上的團體，四人以下不收。一到四人的組合若要入住，最好選擇週六或連續假期，或是揪團湊到兩組三人房，或三組兩人房，總之五人以上同日入住即可。

羅東聖安宮媽祖廟

宜蘭縣羅東鎮忠孝路48號

（03）954-4021

交通

從各縣市搭火車到羅東火車站，或從台北搭客運至羅東轉運站下車後，沿站前垂直的公正路直走往西，在公正國小旁的忠孝路左轉不遠處即到。

房型

類型	間數	清潔費	房內設備	房外設備
4~5人通鋪套房	12	$300/人	冷氣、吊扇、枕頭、單人被、單人獨立被墊、衣架、掛勾、拖鞋	飲水機 電梯
5~12人通鋪套房	10	$300/人		
20人上下鋪套房	1	$200/人		
20人上下鋪雅房	10	$200/人		

訂房

訂房	收費方式	門禁	盥洗備品	可否攜葷食	男女分房	停車場
需預約	開感謝狀	無 給房間鑰匙	無	可	無要求	小客車 20~30輛

*注意：平日和週日僅收5人以上的團體客。（週六或連續假日除外）

推薦指數

交通便利度	生活機能度	住宿舒適度	景觀怡人度	接待親切度
★★★ 客運或開車	★★★★ 附近為夜市	★★ 簡單乾淨	★★ 遠眺羅東市區	★★★ 人員親切

總評：距離台北很近，夜市近在咫尺，適合扶老攜幼全家出遊，搭大眾運輸也能到。

花 蓮

國際級觀光聖地的
平價住宿

花蓮天鼎宮

一人只要二五〇元，就能在花蓮住到乾淨舒適的套房，而且還是距離花蓮市區最近、最新穎的香客大樓！

花蓮天鼎宮位於花蓮市區國福里，距離花蓮後火車站僅五分鐘車程。先前依神明指示自台北樹林具有二十六年歷史的舊廟遷到花蓮，至今僅三年，正殿目前仍在集資興建中，但仍可於前方的臨時行宮參香禮拜。

這樣就開運

天鼎宮安奉五母至尊（無極瑤池王母娘娘、無極瑤池金母娘娘、無極虛空地母至尊、觀音佛母、九天玄女娘娘），以及光華道佛濟公禪師、中壇元帥。旁祀地藏菩薩及註生娘娘，正中央地面祀奉虎爺，臨時行宮旁還有庇護地方平安的元

帥府。可於臨時行宮正殿內打坐，點光明燈或求取香火袋隨身攜帶保平安。

這樣好划算

花蓮是國際級的觀光聖地，也是台灣最熱門的度假旅遊縣市之一，到花蓮花小錢也能住到全新的套房，天鼎宮的香客大樓相當新穎乾淨，為服務信眾還附早餐，即使預算不多，依舊能住得很不錯。

香客也可自備炊具，向廟方借用泡茶桌在戶外大遮陽棚底下開伙。而且與廟方特約車行租用汽機車，另有優惠。無論是團體、小

家庭、背包客、單車客都歡迎，即使只有一人住宿也可以，可說是到花蓮旅行非常實惠又超值的住宿方式。

周遭散心路線

在花蓮市區可參觀曾是神風特攻隊招待所的「松園別館」，園區已將古色古香的歷史建築規畫爲藝術文創園區，爲滿園的老松增添不少人文氣息，值得一遊。或是到七星潭放空，欣賞美麗的海灘及海天一色的景緻都很推薦。若住的時間較長，可到鼎天宮附近距離花蓮市區車程只有十分鐘的佐倉步道登山。

現在搭「台灣好行」客運可到太魯閣和花東縱谷，交通相當方便。其中光復糖廠的冰淇淋是數十年來遊客必訪必吃的重點，真是吃了N次也不膩。

玩花蓮，順便作公益！

花蓮家扶在美崙中興路開辦了「家扶小舖」，不但可以用非常便宜的價格買到企業捐贈的全新限量商品，還能購買家扶輔導單親媽媽親手製作的各式可愛布製品，例如手

附近美食

花蓮市民國路四十一號的「山東餡餅」便宜又好吃，是東華大學學生推薦的銅板美食。外皮煎得香酥卻不油膩，一口咬下還會流出滋味豐富的湯汁，小心燙口。肉餡新鮮、口感絲毫不乾澀，每個才十二元，輕鬆打垮台北一堆三十元的餡餅！

東華大學學生推薦的銅板美食。

提包、帽子、面紙包等。如果將自己具有紀念性的衣服順便帶到花蓮家扶小舖，還能將衣服改作成包包、抱枕套等各種物品，讓回憶煥然一新，重點是只收工本費，非常值得推薦！

另外一個公益旅行的必訪景點，是位在花蓮縣豐田火車站前的「五味屋」，這是一間由孩子學習當老闆的二手公益店，只有週末開店。旅行時可多背些家中用不到的物資帶到這裡義賣，讓當地孩子學習如何經營商店。同時五味屋的理念不只是純粹的二手環保店，這裡也是偏鄉孩子一起寫功課、學習互相扶持幫助的地方。

住宿介紹

香客大樓「貫之樓」與「山居閣」，完工才兩三年，簡單整潔，設備很新。由於廟方董事幾乎都是花蓮石材業的經營者，因此採用相當高級的花崗石，用料相當捨得。香客大樓後方即是竹林，清晨全是鳥聲，空氣清新，遠離塵囂。住宿均附早餐，主要是清粥小菜，餐廳「聞香齋」僅接受團體預約，散客午晚餐需自理。

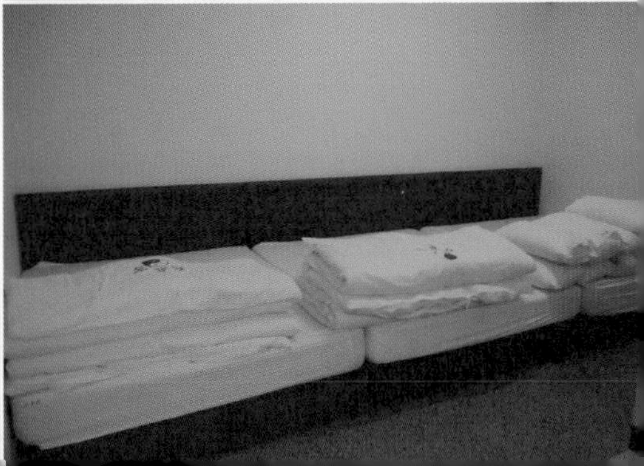

花蓮天頂宮

花蓮市國福里福光街91號

（03）856-2369

（03）857-8218

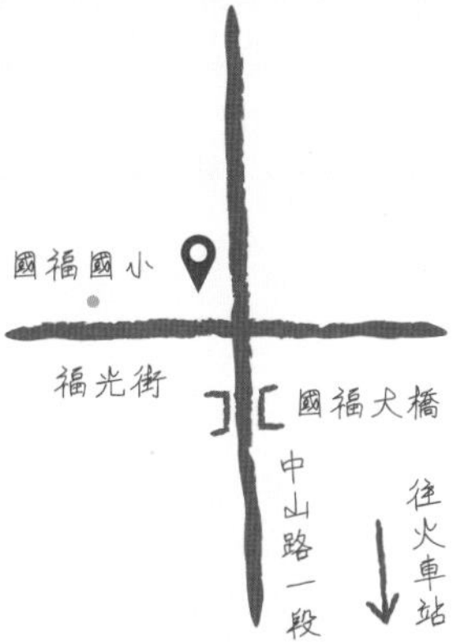

交通

從花蓮火車站後站叫廟方特約計程車到天鼎宮只要100元，電話：0800-509-509。一般計程車行則需至少150元以上。

總評：新穎、乾淨又親切的香客大樓，在花蓮很少找得到如此便宜又新穎的住宿了，現在還很少人知道呢！

房型

類型	間數	清潔費	房內設備	房外設備
2人套房	3	$500/間	冷氣、枕頭、棉被、衣架、掛勾、椅子、拖鞋	電視、冰箱、飲水機、洗衣機、吹風機（向辦公室借）、wifi
4人套房	18	$1000/間		
6人套房	10	$1500/間		

訂房

訂房	收費方式	門禁	盥洗備品	可否攜葷食	男女分房	停車場
需預約	開感謝狀	9：30前入住給房間鑰匙	無需自備	可	無要求	小客車30-40輛

推薦指數

交通便利度	生活機能度	住宿舒適度	景觀怡人度	接待親切度
★★★ 從花蓮火車站車程約10分鐘或搭計程車100元	★★ 可自備炊具自炊	★★★★ 新穎簡單乾淨	★★★★ 背山面河視野良好	★★★★ 人員親切

花蓮市區其他優質的香客大樓

石壁部堂

和室套房，簡單乾淨、費用隨喜，葷素餐都好吃

花蓮縣花蓮市國福里石壁街280巷32號

(03) 857-0951

坐落在山間的寺廟是夏季避暑的聖地，享受著森林釋放的芬多精，聽著悅耳的蟲鳴鳥叫，彷彿置身仙境！

賞山林

苗栗

賞櫻・桐花・靜心

獅頭山勸化堂

風景秀美之地，不需要太多人工和商業化設施，自然就能使人一洗疲憊、身心放鬆。搭「台灣好行」巴士就能抵達的香客大樓，花小錢玩遍北部風景名勝！

勸化堂是獅頭山地區規模最大的廟宇，建於一八九七年，建築清靜莊嚴，群山秀麗翠青，暮鼓晨鐘時信步其中，有安心寧神的感覺。獅頭山因山形酷似獅頭而得名，自日治時期就以美景著稱。

這樣就開運

獅頭山勸化堂主要供奉關聖帝君，祭祀於玉清宮，左方大成殿敬奉孔子，右側雷音殿則尊祀觀世音菩薩。行到此處，在古意盎然的幽靜氛圍下，遊客莫不紛紛合掌，靜禱諸事順利。正殿中有十分熱心的解籤老師，可前往請教，其實籤詩可說是最經濟的算命解惑和心理諮商了。

紫陽門
紫府即天宮象鼻獅巖羅瑞氣
陽門宏佛法山明水秀現祥光

這樣好清靜

勸化堂位於佛寺林立的獅頭山，置身名山古剎中，放眼遠望，但覺一切空空渺渺，世間事了然於胸，胸襟自然變得更開闊。寺中有幅對聯「心空靜躁兩無關，修行得道無牽繫」，沉吟其中的文意，心中也有所了悟，塵世間的虛華榮辱，不也和白雲一樣稍縱即逝？如此一想，許多心頭鬱結已久的結，也就能解了。

勸化堂長年雲霧繚繞，除少數遊客外，環境十分清幽，猶如人間仙境，很有靈山「仙氣」。四周林木扶疏，吸引許多愛好健行的民眾到此住宿登山，讓沁涼的清新空氣替全身上下的細胞注入新能量。步道沿著滿山翠綠蜿蜒前進，涼風吹來，不禁令人覺得身心舒暢，十分愜意。

周遭散心路線

此區山間道路較窄，建議多利用大眾運輸系統前往。搭乘「台灣好行」巴士可順便一遊北埔老街、南庄老街、向天湖、八卦力部落、蓬萊自然生態園區（護魚步道）、仙山等等景點。

勸化堂位於「參山國家風景區」（獅頭山、梨山、八卦山）的範圍內，苗栗山區與竹東交界附近，周遭知名景點有苗栗南庄、向天湖、神仙谷、鹿場新竹峨嵋、北埔……很適合來趟悠閒的二日樂活慢遊。

其中南庄老街和獅頭山是相當熱門的去處，南庄老街上有許多懷舊元素，例如

到勸化堂前有段階梯，所以攜帶輕便行李為宜。

附近美食

在獅頭山勸化堂山腳下的階梯步道出口處，有家數十年老店的「珈味小吃攤」遠近馳名，用中藥熬製的豬血湯和臭豆腐都不錯。

另外，南庄老街沿街許多店家販售的客家小吃也是嘗鮮重點，包括客家麻糬、紅糖薑糖、擂茶、菜包（豬籠粄）、桂花釀、狗薑粽等。丈母娘豆乾和抹茶紅豆冰也是當地的人氣小吃。

老戲院、郵局、製冰廠等。獅頭山則是風景秀麗的賞櫻、賞桐花的好去處。附近還有護魚步道（蓬萊溪自然生態園區），可信步遊賞溪谷中的台灣苦花、花鰍、淡水石斑等各種品種。

住宿介紹

香客禪房所在的「獅山大樓」很有昔日救國團青年活動中心的懷舊風，感覺雖稱不上豪華新穎，但房間陳設卻是窗明几淨，簡單過夜已十分足夠。

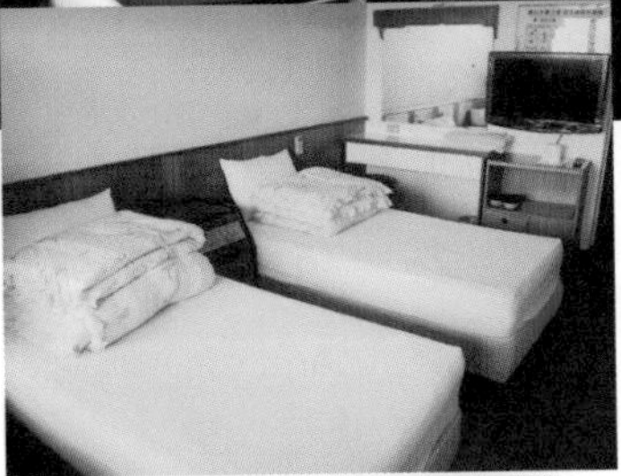

餐廳備有素膳，早餐每人六十元，中餐及晚餐爲八十元，僅供團體訂席，五人以上若訂半桌合菜爲六百元，十人以上全桌宴客菜爲二到四千元。從停車場或台灣好行站牌前往香客大樓有段階梯，需拾級而上約五到十分鐘，請盡量攜帶輕便行李。

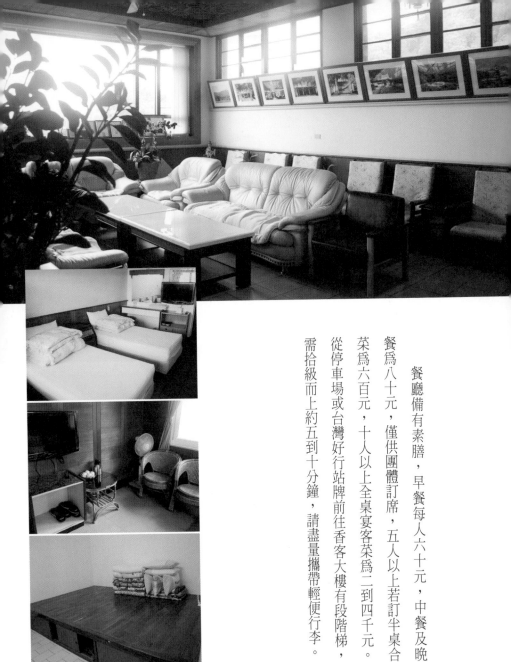

獅頭山勸化堂

苗栗縣南庄鄉獅山村17鄰242號

寺廟（037）822-020
住宿（037）822-563

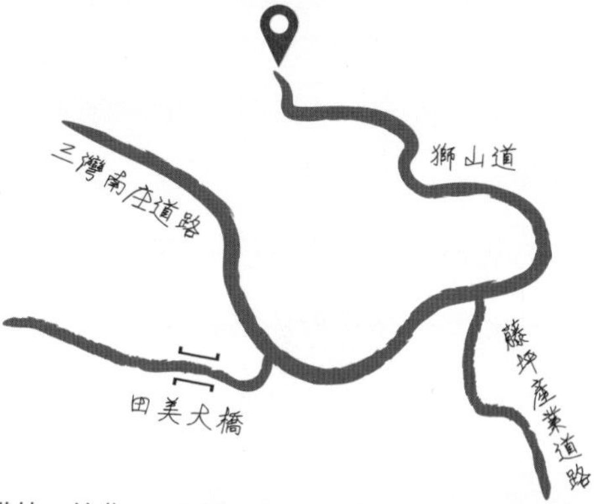

交通

搭乘「台灣好行」巴士，在新竹高鐵站、竹北火車或竹東客運站都可上車，先搭乘「獅山線」到獅山遊客中心，轉搭「獅山南庄線」到「獅頭山勸化堂站」。從竹北火車站到勸化堂，總共車程約兩小時。或從新竹、竹南、苗栗頭份搭乘前往南庄的苗栗客運，在「獅頭山勸化堂站」下車。

總評：搭客運就能抵達的小資北部旅行，適合喜歡登山慢活、愛好大自然的遊客。

房型

類型	間數	清潔費	房內設備	房外設備
2人套房	42	$1000/間	電視、電扇、枕頭、棉被、衣架、掛勾、拖鞋 、熱水瓶、毛巾、牙刷、牙膏、沐浴乳、洗髮精	飲水機、洗衣機、吹風機可向櫃台借用
3人套房	3	$1300/間		
4人套房	6	$1800/間		
6人套房	6	$2500/間		
4人通鋪雅房	9	$800/間	電扇、枕頭、棉被、衣架、掛勾、拖鞋 、簡單桌椅	衛浴
5人通鋪雅房	6	$1000/間		

訂房

訂房	收費方式	門禁	盥洗備品	可否攜葷食	男女分房	停車場
需事先預約，若有空房可當天入住	開感謝狀	中午退房、2pm入房、給房間鑰匙	套房有、雅房需自備	可	無要求	小客車20~30輛

推薦指數

交通便利度	生活機能度	住宿舒適度	景觀怡人度	接待親切度
★★★ 客運或開車	★★ 寺內有餐廳及小商店	★★ 簡單樸素	★★★★★ 群峰秀麗視野遼闊	★★★★ 人員熱心親切

台 南

在山嵐雲海中
逛農產市集

厚德紫竹寺

週休假日到院內遠眺美景，逛逛農產品市集，適合扶老攜幼到此一遊。

厚德紫竹寺位於台南南化烏山南麓，當地舊名爲「竹仔尖」，清嘉慶年間陳氏先人移墾至此時，自高雄內門紫竹寺迎接觀音分靈。一九七〇年代突然出現站立筊杯，於是依照神意新建此廟，現爲南台灣海拔最高的觀音佛祖廟。

這樣就開運

紫竹寺又名「金光山紫竹寺」，主祀觀世音菩薩，兩旁爲韋馱、迦藍兩尊護法金剛，香火鼎盛。

供桌上的烏龜造型的沙其瑪也相當特別，此處的籤詩與其他宮廟有些不同，若有興趣可以研究一下。寺內有「不滅光明

燈」，持身分證可借創業母錢，或可隨喜帶回一瓶大悲水。

這樣好景緻

此地海拔相當高，接近九百公尺，晴天時俯瞰嘉南平原、陰天時瞭望山嵐雲海。早上向東可看中央山脈日出，黃昏可賞西部海岸線日落。日間遠眺群山起伏，天黑後盡賞零遮蔽夜景。

園區內有泡茶區、觀景台、大草坪及簡易兒童玩樂設施，後方有昔日開礦遺留的「金礦洞」礦坑遺址。附近便是烏山健康步道，全長十二公里，但可依據自己的體力和時間折返，在山林中散步，吸收芬多精。

周遭散心路線

紫竹寺後方即是假日湧入不少登山客的烏山健康步道，驅車前往烏山風景區猴仔山，有獼猴保護區可與野生獼猴近距離互動，附近還有南化水庫可供遊憩。台南市區的吳園和神農街是新興的人氣景點，前者與板橋「林家花園」、新竹「北郭園」與霧峰「萊園」並稱「清代四大名園」。後者則是非常具有懷舊氣息的地方，也是台南市保存最完整又相當有fu的老街。

附近美食

南化最夯的美食便是南化鄉公所的「烏魚子芒果乾」，因為大片又飽滿的芒果乾，每顆只能做出兩片，外型也像極了名貴的烏魚子，故有此稱號。這種芒果乾遵循古法蒸炙十幾個小時，完全不加糖，卻有天然的甜味，口感絕佳。

附近還有南化關山里張錫斌師傅的有機手工黑糖，以龍眼木及古法煉製七小時而成的濃郁古早味，是人氣商品。

或到以小吃著稱的台南市，品嘗知名美食「棺材板」。「棺材板」是將雞肉、墨魚、蘿蔔豌豆等材料加牛奶勾芡，再把厚片吐司下鍋油炸成金黃色後撈起，將中間挖空，置入勾芡的料再蓋回吐司的蓋子，有點像酥皮濃湯的感覺呢。

住宿介紹

落成不久的香客大樓「雲居軒」雖不像設計民宿那樣具有風格或採光良好，但陳設乾淨樸素，不設電視，正好可以清靜內心，費用隨喜添油香，房外備有中型會議室供團體開會。

許多登山遊客也會走到紫竹寺齋堂享用素膳午餐，費用隨喜投進功德箱，晚餐需事先預約。寺廟後方湧泉甘洌可口，不少民眾來此取水。

由於香客、遊客眾多，此地甚至還有農產品展售中心，販售南台灣各地區農會出品的各式特產。

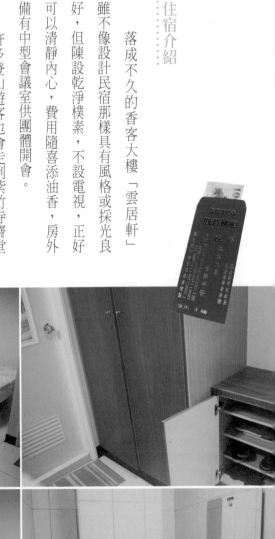

厚德紫竹寺

台南市南化區東和里108之1號

（06）577-1234

www.zizhusi.okgo.tw

交通

無大眾運輸直搭，需開車較為方便，自山腳的台3線385公里處開車上山需十幾分鐘。

房型

類型	間數	清潔費	房內設備	房外設備
2人套房	6	隨喜添油香	冷氣、枕頭、棉被、衣架、掛勾、拖鞋、肥皂、牙刷、牙膏	飲水機、可借洗衣機、電梯
4人套房	4			
6人套房	1			
8~9人套房	14			

訂房

訂房	收費方式	門禁	盥洗備品	可否攜葷食	男女分房	停車場
需預約	開感謝狀	8pm前入住、9am退房、無房間鑰匙	需自備毛巾	不可	男女分房除非家人	小客車100輛

推薦指數

交通便利度	生活機能度	住宿舒適度	景觀怡人度	接待親切度
★ 開車較方便	★★★ 寺內有膳食及農產品市集	★★ 簡單乾淨	★★★★★ 遠眺嘉南平原	★★★★ 人員親切

總評：住宿隨喜，到此可泡茶散步、爬山健行、遠眺風景。

高　雄

遠眺高雄夜景
緊鄰義大世界

東照山關帝廟

南台灣最大關帝廟，到遊樂的義大世界，或到靜心的佛光山禮佛都很便利。廟方常舉辦各式各樣的表演與活動，為寺廟之旅增添人文色彩。

素有南台灣最大關帝廟之稱的東照山關帝廟，位於高雄市大樹區，距離知名的休閒度假中心「義大世界」只有十分鐘車程。廟方常邀請國際知名的表演團體來此交流，例如魔術、特技、藝文、舞蹈等高水準的演出，以及文化節、名書法家揮毫、古代文物特展、各式比賽、兒童夏令營等活動。

這樣就開運

想當然爾，關聖帝君是

「東照山關帝廟」的主要祭祀神尊，關聖大帝也是民間最受歡迎的武財神，供桌上可見許多信眾求取發財金的表文與金紙。若得聖筊，即可帶回發財符回家，自行投功德箱即可。

另外，把自己許下的願望填寫在祈福卡上，可以讓自己對未來增添信心。大殿內有平安米及各種符令可隨喜結緣帶回保平安，例如收驚符、平安符、制煞符、合緣符、過平安橋符、財神符等，準備考試的考生也可在孔子神像前隨喜求取「文昌智慧筆」。

此處還祀奉許多神祇，如註生娘娘、華佗神醫、財神、藥師佛及地藏王菩薩，平時有收驚服務，還設有「七星平安橋」供信眾前來祈求好運並消災解厄。廟裡除了一般寺廟常見的光明燈、文昌燈、太歲燈外，也有財神燈可祈求事業興旺大賺錢。

▼考生可求取「文昌智慧筆」。

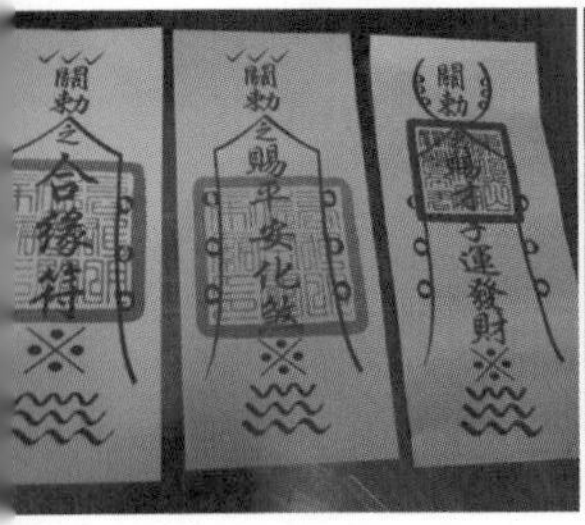

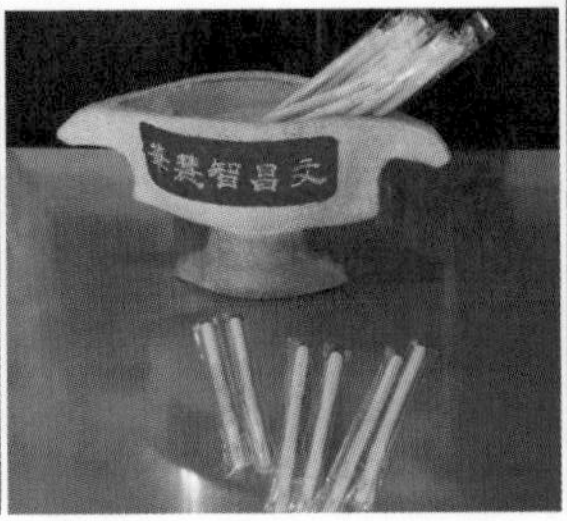

山林好清靜

從高雄市開車大約半個小時，就能享受到大樹鄉山間的好空氣。這裡距離市區不遠，卻有深山的清閒幽靜，在山林間還有登山步道，一邊健行，一邊聆聽大自然的各種聲響，是紓解平日壓力最經濟實惠的方式。

若登上香客大樓頂樓，向東瞭望，還能欣賞日出山巒之美，夜間附近也能找到好角度眺望高雄市及義大世界摩天輪的夜景呢！

廟方還準備了可口甘甜的「五行甘露水」，泡茶品茗最能感受水的清新，不少附近民眾都特地前來索取。如果有帶空瓶，也能帶一瓶回家沏茶。

周遭散心路線

大樹鄉周遭的遊憩地點有知名的義大世界、佛光山佛陀紀念館，以及舊鐵橋生態公園、大社觀

附近美食

大樹鄉的玉荷苞荔枝相當有名，果肉甜種籽小、又多汁，是產季必嚐的水果。附近有「東照山」咖啡休閒農場，可享咖啡、美食及遠眺夜景。

音山風景區，喜歡文創產業可考慮姑山倉庫產業文化休閒園區、竹寮山觀光酒廠，還可到旗津、打狗英國領事館官邸一遊。

住宿介紹

「東照山休閒會館」房間全爲簡單白淨的套房，還有可容納八百人用餐的餐廳以及擁有四百個座位的大會議廳，陳設樸實，雖然許多小細節仍不脫傳統香客大樓的風格，但採光良好。

廟方人員表示住宿房間內的床單都是用天然洗衣精手洗，再晾到室外曝曬，由南台灣的陽光殺菌，環保自然。

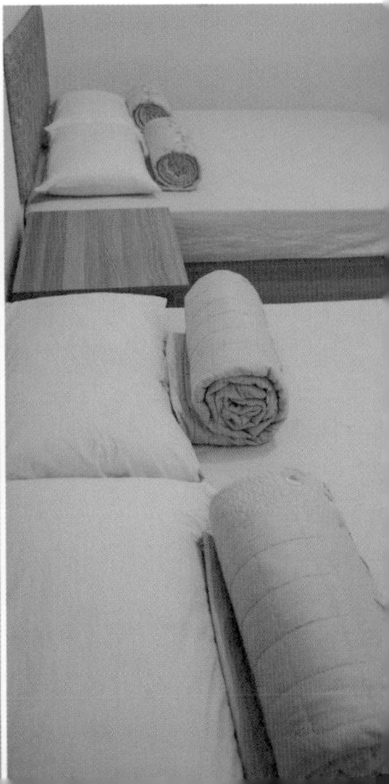

東照山關帝廟

高雄市大樹區小坪里忠義路1號
（07）371-0981
www.djsm.org

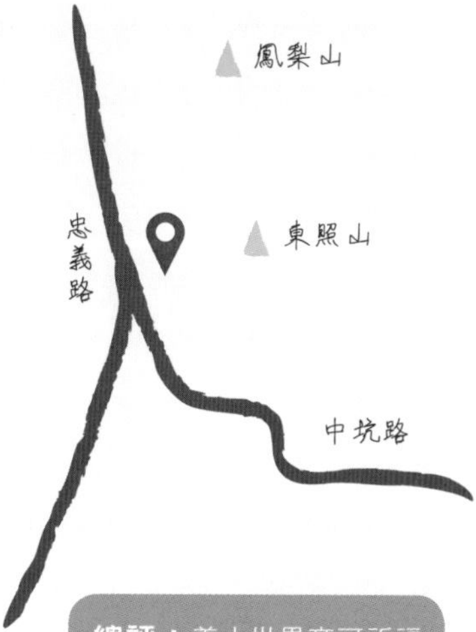

交通

開車較方便，可從鳳山捷運站搭高雄客運5路「鳳山-烏林里-關帝廟」至「關帝廟站」下車。每2小時一班，夜間無發車。或搭高雄客運8009路線「高雄-旗山」，到「烏林里站」。每日僅兩班，例假日停駛，只有二至四個班次。
若搭高鐵，可從車站搭義大客運到義守大學，再搭計程車抵達東照山關帝廟，車資約100多元。

房型

類型	間數	清潔費	房內設備	房外設備
4~5人通鋪套房	146	$1000多/間	冷氣、電視、電扇、枕頭、棉被、衣架、掛勾、拖鞋、牙刷、牙膏、不織布毛巾、沐浴乳、洗髮精	飲水機 脫水機 電梯
8人4大床套房	4	$2000多/間		
8人和室套房	4	$1000多/間		

訂房

訂房	收費方式	門禁	盥洗備品	可否攜葷食	男女分房	停車場
需預約	開感謝狀	無 給房間鑰匙	有	可	無要求	小客車 50~60輛

推薦指數

交通便利度	生活機能度	住宿舒適度	景觀怡人度	接待親切度
★ 客運或開車	★★ 廟口有零星小吃	★★ 簡單乾淨新穎	★★★ 遠眺高雄市區	★★★ 櫃台全天開放

屏　東

蘭陽平原與東部海岸
盡收眼底

礁溪白鵝湖
玉清宮

礁溪九龍山玉清宮，位於宜蘭縣礁溪鄉白鵝村，因後方山脈呈現左右各四脈、正中一條脊柱，宛如九條神龍而稱為九龍山。背山面海，可遠眺蘭陽平原及東部海岸。

這樣就開運

礁溪九龍山玉清宮祀奉的神明相當多元且特別，不僅安奉玉皇大帝、西王金母、觀音大士、天上聖母、玄天上帝、關聖帝君、五路財神爺、中壇元帥、文昌帝君等知名神祇，還尊奉伏羲、神農、軒轅三位大帝。以及李太白仙師（李白）、岳武穆王（岳飛）等知名歷史人物，甚至連土地公都是連同土地婆一起敬拜，土地婆還抱著孩兒呢！可說

是相當特別的一座寺廟。

此處地靈人傑，曾有一位政大法律系博士班學生苦寫多時仍無法完成論文，來此住宿三日後，回去竟然文思泉湧，寫出博士論文並順利畢業，該生喜出望外，主動出資數萬更新玉皇上帝的玉冠，現為執業律師。

財神殿就算在平日陰雨的午後，仍湧入絡繹不絕的參拜人潮，五位財神神像前都擺著一個元寶，若拿自己身上的金錢與元寶上放置的一

金玉滿堂
東方甲乙木

皇恩罔極
清香通天界神靈光降駕九龍山

元銅板調換（取走元寶上的一元銅板，投入隨喜的功德金），可旺自己的金錢運。就連香爐也都是元寶造型，財神殿前方還有許願池。

巧的是正殿與香爐直線延伸出去的中軸線上，遠方的蘭陽平原數公里外竟也有一支大煙囪豎立，彷彿遠遠地插立一柱香遙拜此宮，令香客們津津樂道。

這樣好經濟

礁溪玉清宮是台灣最經

濟的香客大樓之一。不只通鋪每人只收一五〇元清潔費，在此還可喝到甘甜的「九龍聖水」山泉水。該寺也是觀賞日出的絕佳地點，晴天時遠望太平洋，陰雨天也能欣賞雲霧繚繞的美景。在礁溪一房難求、房價更是不低的假日時段，這裡的住宿相當經濟實惠。

住宿可與廟方總務王先生聯絡，王總務相當熱心，在大學生相當稀有的三、四十年前便是成大企管系畢業的事業經營者，被譽為「全台學歷最高的寺廟總務」。原本定居台南，後來因通靈親友告知與礁溪玉清宮有緣，需要到此服務，一問之下果真廟內正懸缺一人，又在神明前擲筊詢問，一連擲出五個聖筊，才千里迢迢遷到宜蘭，替信眾服務。

周遭散心路線

除了到礁溪湯圍溝體驗免費泡腳溫泉，在宜蘭還能來趟「有機農業深度之

附近美食

在礁溪路五段有家樂山拉麵，可一面吃麵一面泡腳，相當有趣。而礁溪街上也到處可見鴨賞、三星蔥蛋捲、溫泉蔬菜、紅土鴨蛋等相關產品。礁溪國小對面的蔥油餅相當有名，而隔壁的吳記花生冰淇淋捲則是連當地人都愛吃的特色美食。

旅」，在冬山鄉有個力行有機農業的「行健有機村」，村民堅持以無毒、不灑農藥、不使用化學肥料的自然有機農法來種植一〇〇%健康的好食材。在這裡可以體驗種蔥，同時在解說員的指導下，自己動手做三星蔥蔥油餅。

還有用有機稻米DIY手工米苔目的體驗活動，若想吃到保證無毒健康的有機米，認購：空閒時偶爾到此實習體驗插秧或除草，其他日子則由農友負責將稻米拉拔長大，收成後再寄到家裡，就能吃到自己親手種植的有機米。

住宿介紹

香客大樓位於廟旁兩側的八角亭建築後方，簡單樸實，不走美觀路線但基本設施都有，星期假日常客滿，最好提早預訂。山區蚊蟲較多，宜自備蚊帳，且不建議在房間內飲食，以免招來蟲蟻。

餐廳場地相當寬闊，可容納十餘桌，還有講台與卡拉OK，常

(左)行健有機村(照片由宜蘭縣政府農業處提供)

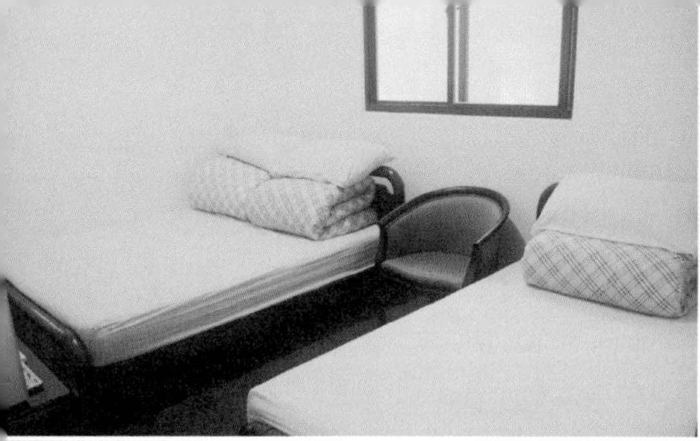

有機關團體借來舉辦大型活動。早餐一律提供素食，團體一桌五〇〇元。午晚餐可點選素食或葷食，團體每桌一五〇〇元，但因非營利性質，不惜成本，並特聘總舖師掌廚，廟方表示可吃到生魚片、雞鴨魚肉等豐盛度超過市面上每人一五〇〇元的料理。團體用餐需事先預定，散客若要在廟內用餐則可與廟方工作人員搭伙，費用隨喜功德。

礁溪白鵝湖玉清宮

宜蘭縣礁溪鄉白鵝村柴圍路48-8號

（03）928-8363

www.yctemple.tw（建議多利用網路預約）

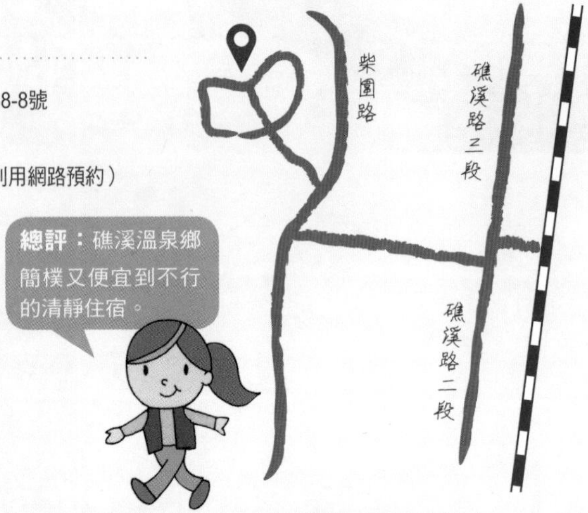

交通

從台北市府轉運站，搭首都客運或葛瑪蘭客運至礁溪，或搭火車至礁溪火車站，再搭計程車約5分鐘可達，車資約170元，若叫廟方特約計程車則150元可達。

房型

類型	間數	清潔費	房內設備	房外設備
2人套房	6	$500/間	冷氣、電視、電扇、枕頭、棉被、衣架、掛勾、拖鞋、衛生紙、牙刷、牙膏、毛巾、沐浴乳、洗髮精、wifi	飲水機、洗衣機、電梯、吹風機（向辦公室借）
3人套房	10	$1000/間		
4人套房	4	$1000/間		
5人套房	3	$1200/間		
6人套房	1	$1500/間		
2人通鋪套房	8	$150/人	與套房相同，唯獨無提供電視及盥洗用品	
7~42人通鋪套房	13	$150/人		

訂房

訂房	收費方式	門禁	盥洗備品	可否攜葷食	男女分房	停車場
需預約	開感謝狀	開門時間5am-9pm、給房間鑰匙	無	可	無要求	小客車30~40輛

推薦指數

交通便利度	生活機能度	住宿舒適度	景觀怡人度	接待親切度
★★ 計程車或開車	★★ 廟內餐廳便宜豐盛	★★ 簡單樸素	★★★★ 遠眺蘭陽平原與東部海岸	★★★★ 人員熱心親切

德陽宮（品味廣東粥　攝）

宜蘭縣其他不錯的香客大樓

礁溪德陽宮

溫泉套房，僅收遊覽車進香團

宜蘭縣礁溪鄉中山路二段133號

（03）988-2248

大福補天宮

可遠眺龜山島，可收散客

宜蘭縣壯圍鄉大福村壯濱路六段279號

（03）930-1171

www.nvwa.org.tw

台東

享受大自然的隨喜慢活

大武都玄天宮

在可以見到第一道曙光的台東淨土山上住宿、露營，物質費用隨喜，精神收穫無價。

台東大武都玄天宮，坐落在大武鄉海岸山脈的山坡上，坐擁美景，遠離塵囂。宮主認爲環境生態相當重要，因此要求廟宇建設施工全部按造環評的準則施工，建造此座仿唐式的廟宇建築與花木扶疏的園區。

行善就開運

都玄天宮內安奉觀世音菩薩、瑤池金母

及玄天上帝，還有註生娘娘、關聖帝君、武財神、文昌帝君等神尊，背景由昔日愛國獎券的畫家精心繪製。此處地靈人傑，曾出現數次擲出站立聖筊並屹立不倒的奇景。園區內有處建築爲坐禪區，在此可不受外界干擾，專注一意，安住內心的祥和與平靜。

廟方每年定期與台東縣大武分局合作，舉辦濟貧活動，並親自拜訪當地經濟弱勢人家，逐一致送白米、泡麵、食用油

等食糧與日用品，都玄天宮也歡迎遊客隨喜參與公益。

這裡好清幽

台東的山海風光自然是毋庸置疑的，一年四季都能在清晨時分，觀賞山嵐雲海及第一道曙光，早上常見整群藍鵲在天

附近美食

廟旁五分鐘路程有間宮主好友開的餐廳「久谷」，提供跑山雞、排灣族風味餐等各式葷素料理，每人一百元。

空飛舞，或遙望高空盤旋的老鷹，傍晚時的天邊紅霞燦爛奪目。園區內花木搖曳生姿，可坐在涼亭與宮主閒話家常，或倚著鞦韆遠眺海景，天晴時甚至視野可及綠島，清閒愜意，莫此爲甚。這裡的遊客有許多都是從陌生到熟客，甚至變成老友，因爲這裡有著最和善的微風美景和親切的人情味。

周遭散心路線

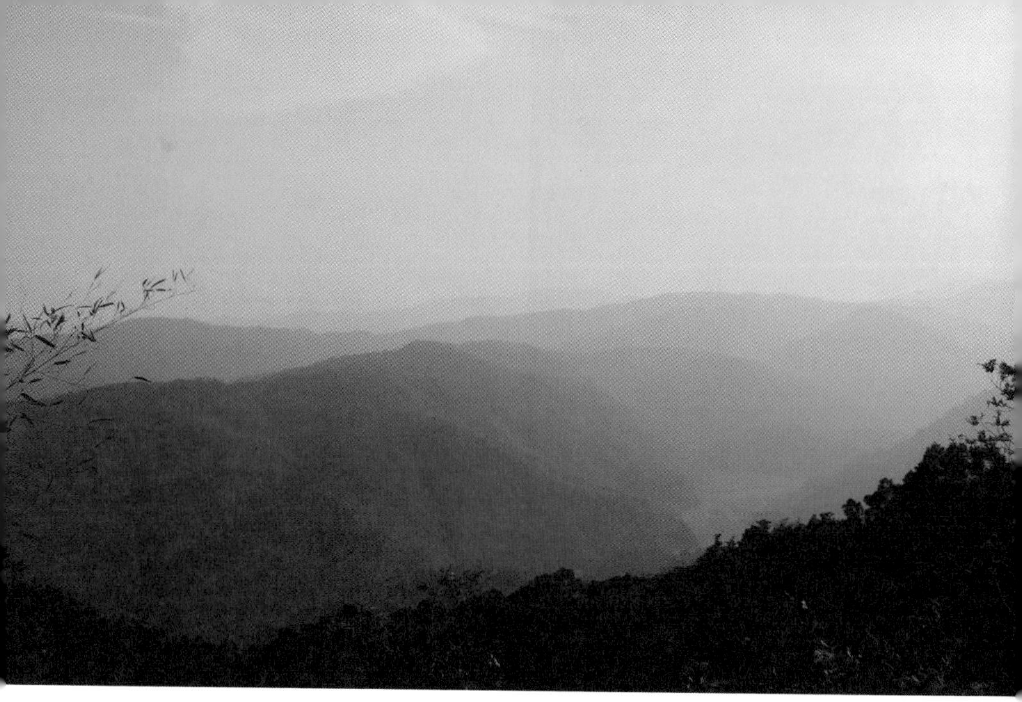

搭區間車可沿途造訪南迴鐵路上的小車站，或驅車前往旭海、牡丹、四重溪溫泉等地。四重溪溫泉在日治時期就已經是著名溫泉度假聖地，還是一九三二年日本昭和天皇胞弟宣仁親王夫婦蜜月旅行下榻所在。近年開始復甦，規畫溫泉季、紅仁鹹鴨蛋農場等特色之旅，值得一遊。

住宿介紹

都玄天宮的住宿為簡單大方的和室雅房，雖然落成已有數年，但還是維持得新穎及潔淨，一間通鋪可以睡一到十人，還可以自備帳篷露營，沒有電視，卻能在清晨看日出，晚上看星星，拋開物欲，擁抱新鮮空氣和大自然，所有費用都是隨喜功德。

禪房後方是宮主家人自家種菜的土地，孩子們喜歡在這裡灌蟋蟀、和小昆蟲玩、採野生枇杷、蓮霧等果子，一旁養著由藝人洪流贈送的一對金雞，偌大的空間甚至還能烤肉。熱心的宮主說歡迎事先預約，可協助代買烤肉用品，實報實銷，真是佛心來著。

大武都玄天宮

台東縣大武鄉大鳥村和平66號
（089）792-880
www.twdux.com

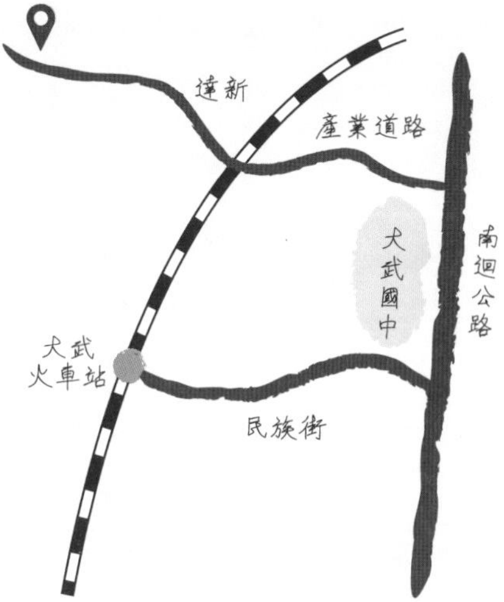

交通

搭火車到南迴鐵路「大武站」，若事先預約而宮裡又不忙時，可請專人至火車站接送，或從火車站叫計程車上山，車資約300元。或開車從大武國中旁山路上山，車程約20分鐘。

房型

類型	間數	清潔費	房內設備	房外設備
1~10人 通鋪雅房	10	隨喜	電扇、枕頭、棉被、 掛勾、拖鞋 早餐（清粥有機小菜）	飲水機、洗衣機、衛浴、沐浴乳、洗髮精

訂房

訂房	收費方式	門禁	盥洗備品	可否攜葷食	男女分房	停車場
假日入住請於三天前預約	開感謝狀	無、若需要可借房間鑰匙	無	可	無要求	小客車 20~30輛

推薦指數

交通便利度	生活機能度	住宿舒適度	景觀怡人度	接待親切度
★★ 客運或開車	★★ 廟旁有餐廳	★★ 簡單乾淨	★★★★★ 遠眺太平洋海景	★★★★ 人員熱心親切

總評：像是到鄉村老友家借宿般的隨興隨喜、清幽寧靜的住宿。

遼闊的碧海藍天搭配浪漫的白色風車、雄偉寺廟建築映在湖中的美麗倒影，形成融入自然的絕景，顛覆你既定印象的水天之旅！

享水景

苗栗

風車相伴的
絕佳濱海五星香客大樓

白沙屯拱天宮

如果你玩膩了熱門觀光小鎮，想到清靜之地來趟祈福之旅，或想花二星價格入住五星套房，那麼白沙屯拱天宮就是最理想的選擇！

白沙屯拱天宮位於苗栗縣通霄，因爲當地每年受東北季風吹拂而生的白沙小丘，故命名爲「白沙墩」，後來改稱「白沙屯」。當地居民因討海維生，媽祖就成了最佳的精神寄託，每年最盛大的活動，就是起駕前往北港朝天宮進香，以及徒步南巡，並堅持遵循古禮誠心徒步朝聖，此時總是吸引各縣市大批信眾湧入白沙屯。

這樣就開運

拱天宮主要祀奉的神明爲白沙屯軟身媽祖，旁有二媽、三媽，及註生娘娘、福德正神、福德夫人等神祇，中殿主祀觀世音菩薩，二樓後殿還有金母娘娘、神農大帝及關聖帝君。拱天宮的籤詩雖與其他廟宇常見的觀音籤或雷雨師系統不太相同，但仍以靈驗出名，有需要者可前往求籤解惑。

二樓可以體驗「扛媽祖轎」，背後的佈景還是電動式可更換的呢！文昌殿內也有給學生拍照用的「狀元」留影佈景。

曾有新聞報導二〇〇七年一位工廠女工拜完拱天宮後，回家夢見媽祖託夢的六個號碼而中了二十八億元大樂透頭彩，其他靈驗故事只要詢問在地人也可聽聞一二，難怪每年拱天宮媽祖出巡，規模總是浩浩蕩蕩，盛況空前。

面海好景緻

白沙屯海灘的藍天白浪與白雲藍海相映成趣，落日海景更是迷人，由於面海風大，一旁還能見到成排的發電大風車，是許多攝影玩家的取鏡場景。拍照拍倦了、踏浪踏累了，也能坐在沙灘邊的可遮風之地，面向大海徹底放空，讓潮水洗滌俗世繁瑣的羈絆，是相當安靜的觀海好去處。看著白沙屯的發電風車，也讓自己的心靈充充電。

拱天宮緊鄰潮間帶生態區，全家大小可在此觀察各種大小海濱生物，有許多螃蟹、野生蚵仔、野生蛤蜊、螺類等，可準備好防風防曬的連帽衣著，來趟豐富的知性體驗之旅。若五人以上並事先與拱天宮聯絡，還可安排免費廟宇導覽解說服務。

白沙屯是個沒有沿街攤販、沒有便利商店、遠離商業包裝的淳樸小鎮，沒有祭典時，街上十分安靜，也沒有過多的遊客，但卻有不少特別像是舊隧道這樣的小地方，值得二日遊細細品味，適合想逃離過度觀光、喜愛深度旅遊的旅人。

周遭散心路線

拱天宮後方海灘上有整排的發電大風車，往北走則

◀絕妙的風車海景，全台寺廟住宿少見。

有昔日舊海線的連續隧道，現在已無火車行駛，而是鋪上泥磚，適合膽子大的人前往探險。

當地還有處滿是貝殼化石的小丘「過港貝化石塚」，是證明「板塊運動」使地殼變動、推升海底隆起成陸地的活教材。離拱天宮不遠的「好望角」，站在上面眺望白沙屯海灘及風力發電機，是不錯的觀景平台及拍照制高點。

更遠還有宛如精鹽博物館的通霄精鹽

附近美食

拱天宮前有些許小吃店，可就近果腹，轉往火車站的轉角十元商店對面（白沙屯診所旁）的臭豆腐好吃，也是當地人常光顧的人情味小店。或附近的「石蓮園」火車主題餐廳民宿也很有名，可在普通車車廂中用餐或住宿。

白沙屯濱海的沙地非常適合種植西瓜，六月正值產季，可參加「西瓜節」參與採收活動，體驗豐收的樂趣，把飽滿多汁、又沙又甜的大西瓜帶回家！

廠、通霄海水浴場，距離拱天宮三公里還有極爲有名的秋茂園，白沙屯有許多值得細細品味在地風情的私房景點，爲你的旅程帶來不一樣的感受。

住宿服務

拱天宮香客大樓落成於二〇一〇年，至今仍宛如剛落成般，相當新穎，廟方堅持「要蓋香客大樓就要蓋得最好」，設施完善媲美旅館，裝潢的用料也十分精緻高雅，還有最新式的進口「曙光簾」，打開面海窗戶，可以見到成排的大風車，也能欣賞好望角海灘景緻。

每間套房的設計風格走異國風情路線，有日式和風、希

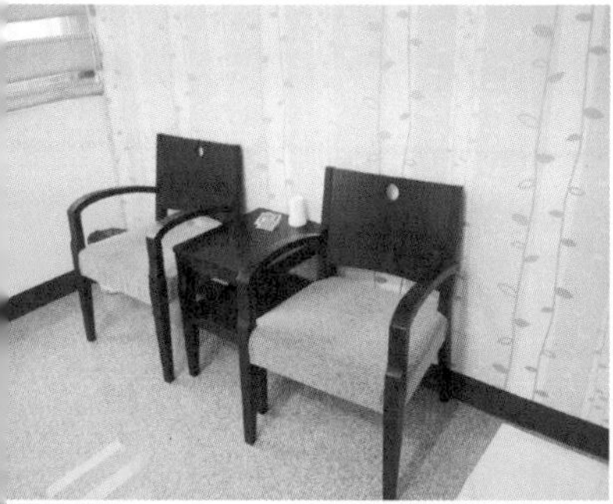

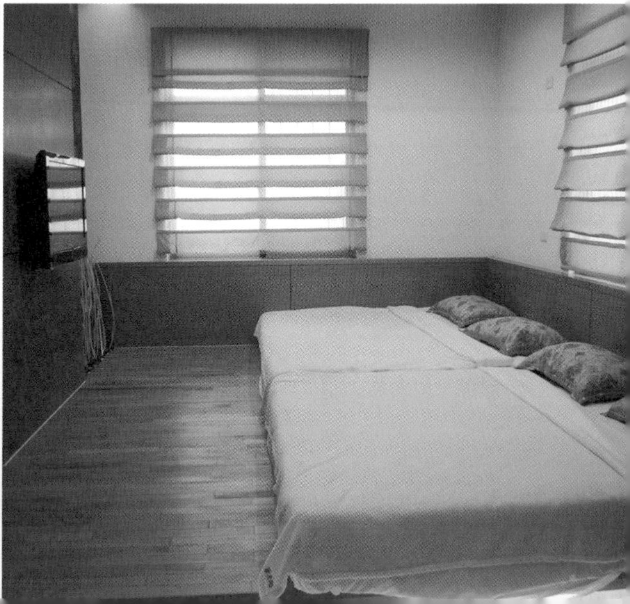

臘風及中國傳統風，每一間的設計都不一樣，很有特色。還有交誼廳和會議室，有些房間非常寬敞，儼然是間海景飯店的規格。不少民眾選擇到此拍攝婚紗並挑選一種風格的房間住一晚。

雖然一些小細節還是感覺得出是香客大樓（例如枕頭的排放不像大飯店必須對齊），但這也是小鎮住宿可愛的地方。

若住通鋪房，即使背包客或單車環島客一人也收，但可能與其他住客同住，衛浴設備同樣新穎乾淨。

拱天宮旁的餐廳大樓預計二〇一三年年底完工，屆時可開放婚宴等餐廳辦桌，還有卡拉OK等視聽設備。

白沙屯拱天宮

苗栗縣通宵鎮白東里8號

寺廟（037）79-2058

住宿（037）79-1472 分機 109

www.baishatun-matsu.com

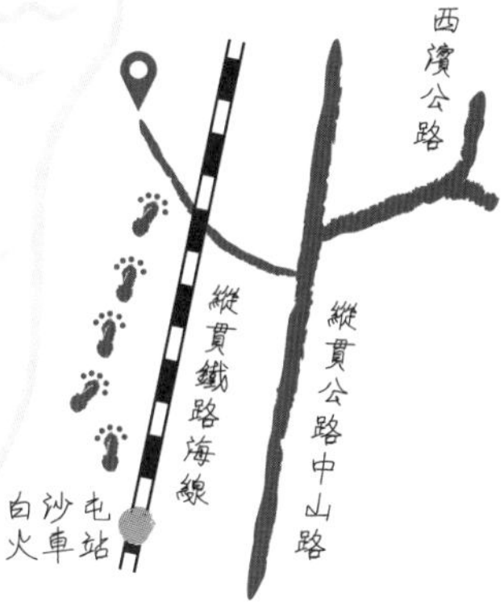

交通

搭火車莒光號或區間車經海線到苗栗縣「白沙屯站」，也可至「後龍站」或「通霄站」下車，轉區間車至「白沙屯站」。

房型

類型	間數	清潔費	房內設備	房外設備
2人套房	6	$1000/間	冷氣、電視、電話、枕頭、棉被、衣架、掛勾、拖鞋 、桌椅、盥洗備品、毛巾、礦泉水、茶包、吹風機、衛生紙、網路、冰箱	飲水機 脫水機
2人套房	1	$1200/間		
3人套房	4	$1500/間		
4人套房	6	$1600/間		
24人 上下鋪雅房	11	$200/人	冷氣、拖鞋	衛浴 吹風機

訂房

訂房	收費方式	門禁	盥洗備品	可否攜葷食	男女分房	停車場
需預約	開感謝狀	無 給房間鑰匙	有	可	無要求	停車塔

推薦指數

交通便利度	生活機能度	住宿舒適度	景觀怡人度	接待親切度
★★ 火車或開車	★★ 廟前小吃	★★★★ 裝潢新穎	★★★★ 夕陽海景	★★★ 人員親切

總評：遠離觀光人潮的私房景點，寂靜小鎮的面海豪華住宿。

高雄

大都市難得的水光雲影

覆鼎金保安宮

到高雄不必提心吊膽地住真假未定的日租套房，在市區也有面湖好景緻、又通過旅館安檢的香客大樓。

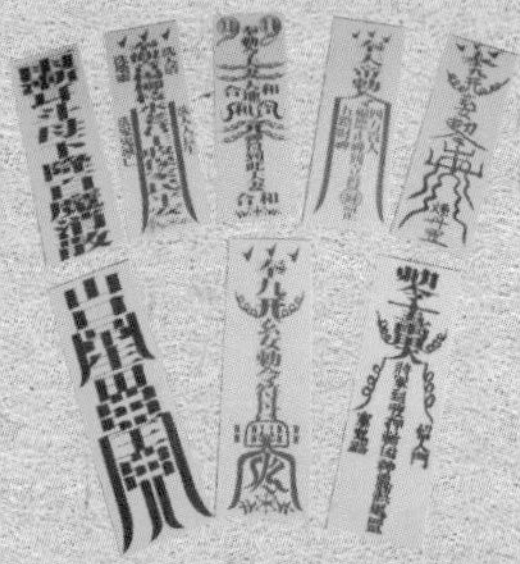

「覆鼎金」的由來是附近有座「覆鼎金山」，由於山的形狀十分圓滑，看起來就像覆蓋的鍋鼎，因而稱爲「覆鼎金」。

覆鼎金保安宮自清朝咸豐年間便開始祀奉太子爺公（中壇元帥），由來已久，新廟重建於一九九〇年代，耗資八億興建，建築十分雄偉華麗，例如牌樓的木雕、廟殿中的彩繪、石柱石雕等，繁複的精雕細琢都顯示台灣民間傳統工藝的精湛水準。

這樣就開運

覆鼎金保安宮的主神爲中壇元帥，也就是民間俗稱的三太子爺哪吒，右殿副祀天上聖母、註生娘娘及左殿的二郎神君及福德正神等。三樓右側爲太乙殿，祀奉太乙眞人，左方安奉六十太歲星君。登上四樓則是凌霄寶殿，供奉玉皇大帝、三界公及南北斗星君等諸神明。

在大殿中可隨喜求取「平安米」以及八種各種功能的符令，例如居家平安、鎮煞驅魔、夫妻和合等，可在香爐上順時針繞三圈後帶回貼上。

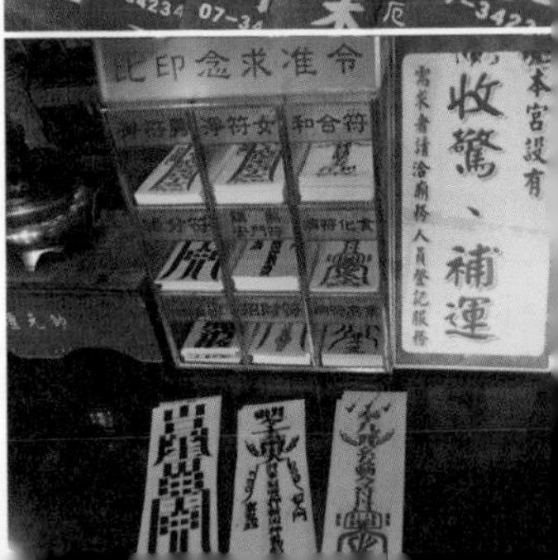

面湖好景緻

金獅湖原本名爲大埤，或稱覆鼎金埤，由於一旁的獅頭山，在命理堪輿上有靈穴「臥獅穴」的說法，又將黃土尊稱爲「金」，因此而有「金獅湖」這個美麗的名稱。此湖是高雄市區內的一處美麗風景，是大都市裡難得的水光雲影。住在緊鄰湖畔的香客大樓套房裡，是景緻、舒適、方便都得兼的選擇。

周遭散心路線

高雄近年來的旅遊熱門指數大漲，以往乏善可陳的高雄市區，也在愛河、城市光廊、駁

附近美食

金獅湖附近有間肉包店，是在地相當知名的小吃，還有位於美麗島站附近的「老江紅茶牛奶」是在地人推薦的老味道。或到捷運巨蛋站附近的「薄多義義式手工披薩」，裝潢很有特色，採手繪清新風格，餐點好吃又不貴，假日需及早訂位。

二碼頭等景點開設後，吸引不少外縣市的觀光人潮，眞愛碼頭、漁人碼頭都能盡情享受南台灣的熱帶風情，新堀江商圈和六合夜市也是外地客的必訪重點。

住宿介紹

覆鼎金保安宮有數間香客大樓，其中第一到第四間爲通鋪，第五間香客大樓是最新也最舒適的套房，全部採中央空調，平日若訂兩間以上就可接受散客。由於景緻相當好，又比旅館便宜許多，因此每逢跨年或春節，通常都是提早兩個月就被預約一空，宜盡早安排。

覆鼎金保安宮

高雄市三民區鼎金一巷36號

（07）350-9573

www.baoangong.org.tw

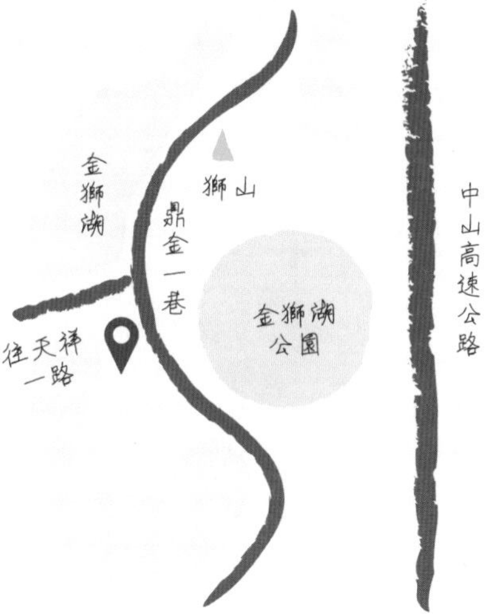

交通

可搭高雄市公車17、33、72、76、77、79、91、92、224、紅36路 於「金獅湖站」下車，或搭捷運紅線於「巨蛋站」下，轉紅36路到「金獅湖站」。

房型

類型	間數	清潔費	房內設備	房外設備
3人套房	8	$1200/間	中央空調或冷氣、電視、枕頭、棉被、衣架、掛勾、拖鞋 、桌椅、不織布毛巾、牙刷、牙膏、香皂、洗髮精、衛生紙	飲水機 電梯
4人套房	11	$1400/間		
6人套房	6	$1800/間		

訂房

訂房	收費方式	門禁	盥洗備品	可否攜葷食	男女分房	停車場
需預約	開支付憑單	22：30前入住、給房間鑰匙	有	可	無要求	小客車上百輛

推薦指數

交通便利度	生活機能度	住宿舒適度	景觀怡人度	接待親切度
★★★ 公車或開車	★★★★ 附近有小吃	★★★ 整潔乾淨	★★★★★ 俯瞰金獅湖	★★★★ 人員親切

總評：景觀好又經濟實惠，位於高雄市區的面湖香客大樓。

高　雄

遠眺西子灣、英國領事館

旗津天后宮

旗津天后宮幾乎含括其他香客大樓的優點，集美景、美食、方便、舒適於一身，適合各種年齡層。

旗津天后宮的歷史相當悠久，創立於清康熙十二年，也是高雄地區難得的國家古蹟。從寺廟的木刻、石雕、屋簷、窗框等建築細節可欣賞精湛的民間技藝和極具歷史價值的古物，例如咸豐及同治年間的石碑，非常值得一逛。

這樣就開運

旗津天后宮外的許願池是另一個吸引遊客目光的重點，池內有大小金魚與遊客許願投入的各式銅板，是小朋友最想駐足的地方。記得去一旁的平安橋走走，祈求過橋

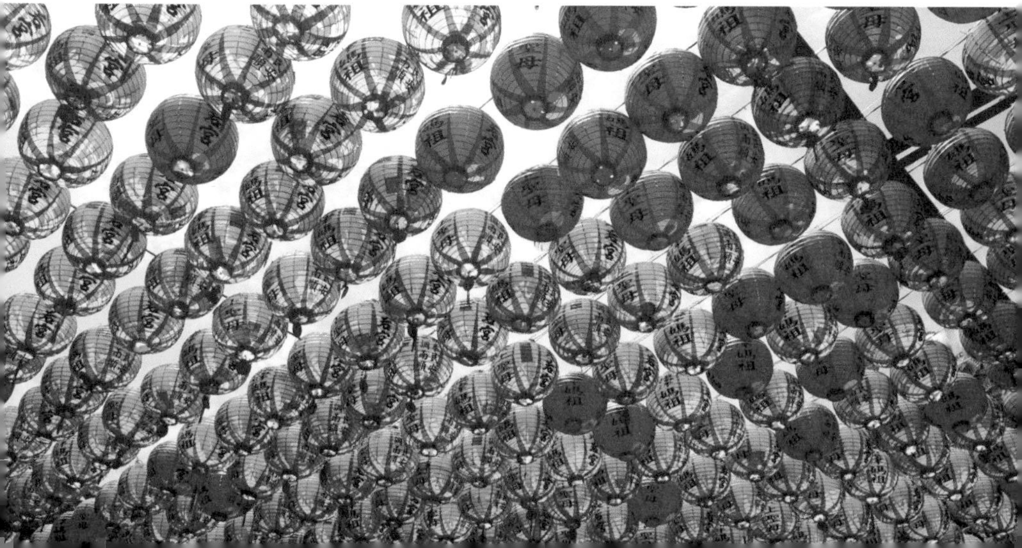

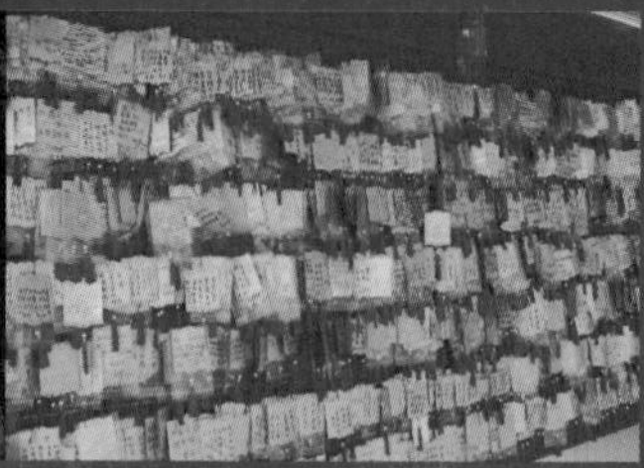

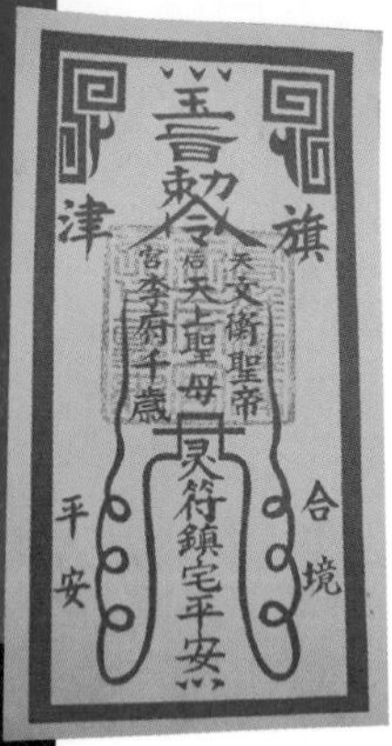

便能消災解厄，廟內還有個投幣後就會唱「發財咒」的小金爐。神桌上可隨喜求取平安米、平安香火袋及鎮宅平安符回家保平安，是非常親民的媽祖廟。

這樣好有水能量

在都市叢林被榨乾了心力嗎？到海邊補充水能量吧！旗津是個具有超多旅遊特色的地方，有渡輪可搭、有燈塔可看、有海鮮可吃，還有其他靠海地方少見的古蹟、夜景、星空隧道，甚至懷舊三輪車或電動遮陽車，每一項都是極具魅力的景點！

附近美食

到靠海的旗津豈有不吃海鮮的道理？旗津街上林立的海產店多半都有標價，可自由選擇五十元一盤或一百元一盤的海鮮，適合結伴四人以上的遊客大快朵頤，人越多就越能吃到種類多元的海鮮。

若怕海鮮餐廳傷荷包，路上也有許多販賣「烤小卷」或「酥炸海鮮」的小攤子，包括魚卵、蝦球……一樣能飽嘗旗津各式海產。

除了海鮮以外，最近十分火紅的在地美食還有蕃薯椪、地瓜酥、赤肉羹和火烤包子，都是價格便宜的小吃。

周遭散心路線

天后宮附近可散心的景點也很多，例如逛旗津老街、到旗津海水浴場玩水、逛旗後炮台、旗後燈塔，或到星空隧道走走，旗津踩風大道騎單車，較遠還有旗津海岸公園和旗津風車公園。搭了渡輪過海後，駁二藝術特區可看展覽，或到英國領事館參觀，在西子灣看夕陽。無論是美景咖、人

文咖或美食咖，在旗津都能玩到滿足再回家！

住宿介紹

旗津天后宮香客大樓「旗峯會館」是設備媲美商務旅館的現代化住宿，全部採用防火建材，由於香客大樓都是不以營利爲目的，因此儘管提供的設備相當豐富齊全，但卻比旅館經濟實惠許多。

樓下轉角走出來就是整條街的小吃和店家，相當方便。面海房間還能遠眺美麗的西子灣、中山大學及英國領事館。欣賞絢麗的海景日落，或燦爛的高雄港區夜景，還能看到85大樓呢！

旗津天后宮

高雄市旗津區廟前路95號

（07）571-2115．571-6777

www.chijinmazu.org.tw

交通

從高鐵左營站搭高鐵鼓渡巴士，到「鼓山輪渡站」下車，轉搭渡輪到旗津，下船後往前直走5分鐘就是旗津天后宮。

或從高雄火車站前搭公車248號到「鼓山輪渡站」，轉搭渡輪到旗津，下船後往前直走就是旗津天后宮。假日也可搭「水岸公車」到「鼓山渡輪站」。

若搭飛機可從高雄小港機場搭捷運紅線到「美麗島站」轉橘線到「西子灣站」，出站後走路5分鐘就是「鼓山渡輪站」，搭乘渡輪到旗津後，從碼頭直走5分鐘可達。

總評：好吃、好玩、方便舒適又不貴的香客大樓！

房型

類型	間數	清潔費	房內設備	房外設備
2人1大床套房	17	費用逕洽	冷氣、電視、電扇、電話、枕頭、棉被、衣架、掛勾、桌椅、紙拖鞋 、熱水瓶、冰箱、礦泉水、衛生紙、吹風機、毛巾、牙刷、牙膏、沐浴乳、洗髮精、棉花棒、牙線棒、茶包、咖啡包、紙杯、早餐、網路、浴室門口踏布	飲水機 電梯
2人2床套房				
貴賓雙人房	1			
3人套房	3			
4人套房	2			
6人套房	1			
8人通鋪套房	5			

訂房

訂房	收費方式	門禁	盥洗備品	可否攜葷食	男女分房	停車場
需預約	開感謝狀	24H服務 給房間鑰匙	有	可	無要求	住宿可免費停車

推薦指數

交通便利度	生活機能度	住宿舒適度	景觀怡人度	接待親切度
★★★★★ 客運或開車	★★★★★ 周遭都是小吃	★★★★½ 新穎舒適乾淨	★★★★ 遠眺旗津海岸	★★★★½ 人員親切

拜月老求姻緣、摸金牛求財旺、吃壽麵保平安、向藥師佛祈健康……身心安頓的最佳去處，讓你享有身心靈的平靜！

求保庇

彰化

拜月老最靈驗，
老街風情巡禮

鹿港天后宮

鹿港是結合老街文化、小吃美食、宗教藝術的旅遊聖地，大眾運輸也尚稱方便，在這兒能用數百元就入住如飯店般新穎明亮的香客大樓！

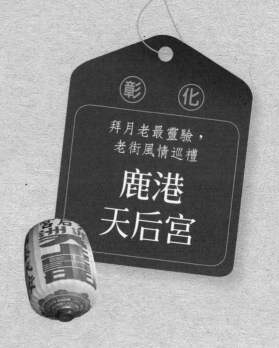

鹿港天后宮建於清康熙二十二年（西元一六八三年），是台灣唯一祀奉開基湄洲媽祖的廟宇，更是國家三級古蹟，其傳統建築精緻絕倫、巧奪天工，無論在宗教文化或藝術上都十分突出，每年吸引大批香客前來朝聖，旺季時更是擠得水洩不通，至今已成爲中部地區相當重要的旅遊景點之一。

這樣就開運

天后宮一樓正殿的湄洲媽祖聖像莊嚴慈祥，共有湄洲媽、二殿媽、鎮殿媽三尊。其中「湄洲媽」歷史最久遠，也是目前世界僅存的開基媽祖神像，只有除夕至農曆三月「媽祖生」才自神龕中請出。二樓則供奉玉皇大帝、文昌帝君、太歲星君等神尊。靈驗的神蹟多得不可勝數。

鹿港天后宮

天上聖母擲筊
日往鹿港天后宮謁祖進香

鹿港天后宮的月老相當靈驗，聲名遠播，吸引成千上萬的未婚男女前來祈求良緣。敬拜月老前先至其他神明前上香致意，接著到月老廳默禱自己的姓名，合掌祈求月老星君賜予良緣，並在擲出三個聖筊後求取紅線，過爐後隨身攜帶。

註生娘娘也是中部民眾求子必拜的神明，若想生男則求白花，生女則求紅花，帶回家供奉於神明桌或房間的花瓶中，枯萎後連同燒金一起化掉。

一樓正殿還可隨喜迎回平安米、護身符和天上聖母靈符回家保平安，在香爐上繞三圈，平安米可混入白米煮食，其餘兩樣可隨身攜帶。

這樣好好玩

鹿港是前清時期的商業重鎮，漫步在歷史悠久的老街，可遙想當年「一府、二鹿、三艋舺」的風華。老街值得一逛的有：半邊井、甕牆、隘門、摸乳巷、九曲巷、大有街，還有泉郊會館，以及曾爲辜顯榮宅第、現改爲收藏台灣各時期古董文物的鹿港民俗文物館，還有古色古香的龍山寺、新祖廟等。

天后宮廟前與龍山寺周遭都有不少鹿港小吃，到鹿港一遊，能感受文風鼎盛的古老小鎮風情，以及台灣傳統宗教工藝的精髓，例如神像雕刻、神轎製作、燈籠、紙扇、錫製器皿、金雕等民俗技藝。

周遭散心路線

鹿港天后宮的藻井是全台灣廟宇中最精雕細琢的雕刻之一。

附近美食

天后宮百年來孕育的美食，有如過江之鯽，除了百年老店「玉珍齋」外，廟口小吃雲集，有魷魚肉羹、肉包、蚵仔煎、麵線糊、豬血湯麵線、牛舌餅、芋丸、炸蝦猴，還有別具特色的麵茶冰。

另可搭「台灣好行」巴士，能前往附近的八卦山大佛風景區、大統醬油觀光工廠、白蘭氏健康博物館、台灣玻璃館等景點。

住宿介紹

鹿港天后宮的簡介上寫著：「香客大樓是『在媽祖的庇佑下入睡』的舒適環境」，一樓有中小型的接待大廳，五到七樓的房間為平價團體廂房，主要供進香團體使用的通鋪和衛浴在外的雅房，八至十樓則為適合小家庭入住的高級套房，有兩人、三人至六人房，房間乾淨、明亮、整潔、新穎，但不供應早餐。

（此頁照片由鹿港天后宮提供）

鹿港天后宮

彰化縣鹿港鎮中山路430號

（04）777-9899

www.lugangmazu.org

交通

從彰化火車站或台中火車站，可搭彰化客運抵達鹿港，班次較多。或員林客運、「台灣好行」鹿港線至「鹿港北區服務中心 」站下。

總評：鹿港最有特色、最「平安」的飯店級住宿。

房型

類型	間數	清潔費	房內設備	房外設備
2人房一大床	10	$1200/間	中央空調、電視、第四台、冰箱、電話、熱水瓶、枕頭、棉被、衣架掛勾、拖鞋 、吹風機、桌椅、礦泉水、紙杯、茶包、咖啡包、毛巾、浴巾、牙刷牙膏、沐浴乳、洗髮精、衛生紙	飲水機 電梯
2人房二小床	4	$1300/間		
3人房（1雙1單床）	24	$1800/間		
3人房（3單床）	4	$1900/間		
親子房（1雙2單床）	9	$2000/間		
親子房（2雙床）	2	$2000/間		
家庭房（2雙2單床）	3	$2700/間		
和式房（15人）	3	$3800/間		
貴賓房（1廳1床房）	2	$3800/間		
團體通舖16~49人	24	$3000~7800/間	枕頭、棉被、衣架、掛勾、拖鞋	

訂房

訂房	收費方式	門禁	盥洗備品	可否攜葷食	男女分房	停車場
可當天入住 預約者入住當天需來電確認	開感謝狀	無 給房間磁卡 3pm進房 11am退房	套房有、通鋪需自備	可	無要求	有停車塔可停30輛

推薦指數

交通便利度	生活機能度	住宿舒適度	景觀怡人度	接待親切度
★★★ 客運或開車	★★★★★ 廟口小吃	★★★★ 設備齊全	★★★★ 俯瞰鹿港小鎮	★★★ 有常駐櫃台服務

台南

參訪遠東第一媽祖廟
大啖台南美食

正統鹿耳門聖母廟

到台南正統鹿耳門聖母廟，向至今已經牽成數萬對佳偶的月老祈求良緣。參觀完雄偉莊嚴的「遠東第一媽祖廟」，再大啖台南小吃，來趟祈福之旅，讓自己的福氣和胃腸都飽滿！

安平靠海，當地廟宇自然多信奉媽祖。正統鹿耳門聖母廟稱祀奉的媽祖爲「鹿耳門媽」，前殿安奉水仙尊王，東殿供奉天上聖母，後殿則爲佛祖。占地兩萬多坪，幅員遼闊，是台灣占地最廣的媽祖廟。建築仿北京紫禁城之格局而建，恢宏雄偉。還有五府千歲及月下老人，每年吸引成千上萬的青年男女前往求取姻緣。

這樣就開運

求姻緣的方法爲拈香小聲祝禱，告知自己的姓名、農曆生辰時刻及居住地址，祈求天賜良緣，插香後擲筊，若得聖筊就求取紅線、姻緣袋、月老相片及兩顆糖

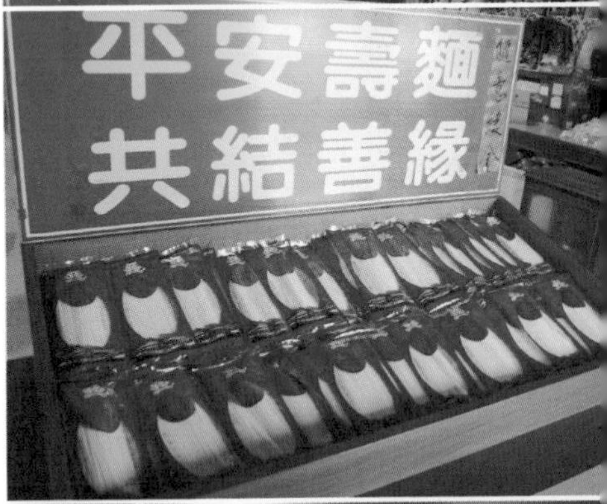

果，過香爐後隨身攜帶。月老殿旁樓梯牆面上的「鴛鴦譜」貼滿了十四年來還願新人的婚紗謝卡，從頂樓滿滿貼到一樓，至今已促成高達兩萬多對佳偶。

正統鹿耳門聖母廟尚有「福德錢、開運金」供信眾求取當母錢，擲出聖筊的人即可憑身分證借領兩百元發財金當本金，再向神明稟報賺錢後還款，紅包袋需保留到還願，不要丟棄。

正殿有不少開運的隨身小物可隨喜求取，例如可

帶回家煮食的平安米包和平安壽麵，還有可喝可淨身的「王船水」和祈求行車平安的彩帶。

一旁還有細心解說的解籤老師提供解惑，籤詩有運勢籤和藥籤兩種，藥籤還分小兒科、內科等，可見過去聖母廟不但是居民的信仰中心，也是心靈的寄託。

這樣好福氣

「六十元辰殿」中還有象徵轉運的「生肖轉運石盤」，在該年的生肖動物石雕上逆時鐘輕輕摸一圈（例如蛇年就摸蛇的石像），接著在自己的生肖動物撫摸一下（例如屬龍的就摸龍的石刻），默唸轉運向上，給自己一個時來運轉的衝勁。祈求其他願望的人還可求取祈福卡懸掛在廟內祈求事事順心，或平安壽麵祈求順利如意。

聖母廟每年新春期間，都有流傳已久的「鑽轎腳」和「摸春牛」祈福活動，至今已成傳統文化之一。「鑽轎

▼生肖轉運石盤

腳」起源於鄭成功開台時期，而「摸春牛」則吸引民眾爭相「摸牛」討吉利，摸春牛的不同部位時記得一邊用台語唸吉祥話：「摸春牛，好康年年有；摸牛頭，子孫會出頭；摸牛角，頭路穩答答；摸牛耳，健康吃百二；摸牛嘴，萬年大富貴；摸牛身，家和萬事興；摸牛腳，米甕呷未乾；摸牛尾，年年剩家貨；摸肚臍，添丁大發財；摸牛囊，家貨剩億萬。」深具文化與歷史的傳承意義。室內還有較小的金屬製「五子登科牛」可摸，牛頭和牛角都被上萬信眾摸到表面光滑、金光閃閃。

春節期間，廟方還規畫一系列的「行春祈福路線」，可過七星平安橋、敲開運鐘、轉運盤等祈福活動。以及出借三百萬創業基金、或兩百元錢母開運金的活動，使得開春就能討個好兆頭。

周遭散心路線

安平文化園區包括安平古堡、安平樹屋、夕遊出張所、安平天后宮、東興洋行、德記洋行等景點。尋幽訪古，遙想當年的繁榮盛景及台灣早期商業興盛的安平。

住宿介紹

正統鹿耳門聖母廟的香客大樓分爲

附近美食

正統鹿耳門聖母廟附近有許多小吃，天后宮門口也有小吃街，蝦捲、炸蝦扁食、蝦仁肉圓、蚵嗲、蚵仔湯、蚵仔煎、蚵捲……都是當地的特產小吃，周氏蝦捲和貴記蝦仁肉圓則是具有人氣的小吃。

或可搭「台灣好行」台江線到赤嵌樓附近品嘗知名的「台南石精臼牛肉湯」，湯汁清甜，老饕大推薦。

「東廂房」與「西廂房」，東廂房爲四人套房區，布置素雅，即使落成已二、三十年，仍維持得十分整潔，通風和採光也很良好。西廂房則是團體通鋪套房區，可另訂團體餐，早餐爲素菜，午晚餐則可葷可素。另有可容納一百二十人的大型會議廳，許多機關團體都會來此住宿並舉辦活動。

正統鹿耳門聖母廟

台南市安南區城安路160號

預約：（06）257-7547

當天：（06）257-7523．（06）257-7524

www.luermenma.org.tw

交通

搭火車至台南火車站，在站前公車候車亭，搭乘「台灣好行」台江線至「聖母廟站」下。

房型

類型	間數	清潔費	房內設備	房外設備
4人雙床套房	70	$1000/間	冷氣、電視、枕頭、棉被、衣架、掛勾、拖鞋 、電話、紙杯、冰箱	飲水機 脫水機 wifi
8人團體通鋪套房	60	$800/間	冷氣、電扇、電視、拖鞋、衣架	

訂房

訂房	收費方式	門禁	盥洗備品	可否攜葷食	男女分房	停車場
預約 或當日	開感謝狀	無 給房間鑰匙	通鋪房目 前需自備	可	無要求	小客車 上千輛

推薦指數

交通便利度	生活機能度	住宿舒適度	景觀怡人度	接待親切度
★★★ 客運或開車	★★★★ 廟口有小吃攤	★★★ 簡單樸素	★★★★ 視野遼闊良好	★★★★ 人員親切

總評：祈福活動多元、周遭景點又豐富的香客大樓。

台南

米其林旅遊綠色指南的三星景點

南鯤鯓代天府

結合祈福求願、園林遊憩、藝術遊賞、舒適住宿的米其林三星景點，是南台灣絕不能錯過的住宿好去處！

南鯤鯓代天府是國家二級古蹟，也是台灣歷史最悠久的王爺廟，位置靠近雲嘉南濱海國家風景區，由於當地外海有許多小沙洲，一眼望去，形狀好似浮出水面的大鯤魚，因此台南安平區附近，有地名為「一鯤鯓」「二鯤鯓」……至「七鯤鯓」和「青鯤鯓」的地名。

南鯤鯓代天府由兩間廟宇組成，大廟祀奉李王、池王、吳王、朱王、范王等五位王爺公，統稱五府千歲，副祀觀音佛祖、註生娘娘、城隍爺及福德正神，小廟則祀奉萬善爺（囝仔公）。據傳建廟前兩方神明都看上此塊寶地蓋廟，正當雙方相持不下時，幸得赤山巖觀音佛祖的調解，化干戈爲玉帛，共同信守「五王蓋大廟，萬善爺蓋小廟，來大廟進香，必來小廟敬獻，共享人間香火」之約，因此參香的遊客們也遵循此約，兩廟都參拜。

有別於其他廟宇敬奉的都是唐山渡台的財神，代天府小廟的「萬善爺公」是台灣唯一一位本土財神爺。廟旁有與一般銀行十分相似的「財神銀行」櫃台可借「發財金」，過年時吸引數萬人潮參與，年輕一輩甚至以「萬董」親切稱呼這位伴隨他們創業的

財神。一旁有座「萬善福鐘」，若能以零錢投擲敲響福鐘，就能討個吉利，例如：「一元萬利」「二人同心」「三元及第」「四季平安」「五穀豐登」「六畜興旺」「七子團圓」「八仙上壽」「天寶九如」「十全富貴」。

廟方表示南鯤鯓代天府的註生娘娘特別靈驗，據傳有一知名連鎖企業的兒媳多年無子，到此祈求後竟一舉生了三胞胎，不但包生子還保婚姻美滿，難怪參拜民眾絡繹不絕。

隨喜費用欣賞園林藝術之美

南鯤鯓代天府占地六萬多坪，有鯤園、慶成閣、海山亭、虎苑等園林景觀，曾入選爲台南之八景八勝三園之一。其中由漢寶德教授規畫的大鯤園斥資六億興建，耗時近二十年才完工。除了欣賞各式樓閣、亭台、巨石、小橋、流水等仿江南園林外，內部還有許多定期展覽，如蝴蝶館、蘭花展、南鯤鯓文史館等，是許多民眾扶老攜幼遊賞的好去處，入園則隨喜添油香。

而耗資二十一億、歷時三十年建造的凌霄寶殿，更於二〇一三年初落成時造成不小的話題，其中高達六・六公尺、全由價值六億元之萬兩黃金打造的「黃金玉旨」、以和闐玉、青田玉精雕細琢而成的玉石雕刻圖，更是民眾可免費參觀的重點。而外部的彩繪壁畫上，甚至請來知名畫師將現代運動健將如王建民、曾雅妮、林書豪等人都名列畫像主題，更是遊客遊覽拍照的最新話題。

米其林三星景點

令人驚豔的是，南鯤鯓代天府是榮獲「米其林旅遊綠色指南三星」的景點之一，三顆星代表「極力推薦」之意，米其林二十多位各國評審在秘密參訪後投票給南鯤鯓代天府三顆星的評價。代天府鯤海樓餐廳備有「米其林風味餐」，是十人一桌的精緻合菜，食材都是取自當地當季，例如春天可吃到在地盛產的虱目魚粥、鹽焗蝦、清蒸處女鱘、鐵板蚵仔、烏魚子、蒜嗆吳郭魚、炸虱目魚背、筒仔雞湯等，滋味十分鮮美，相當適合筵席聚餐。

周遭散心路線

搭「台灣好行」巴士之嘉義「鹽鄉濱海線」，沿途停靠蒜頭糖廠、朴子刺繡文化館、東石漁人碼頭、布袋遊客中心、南鯤鯓代天

附近美食

北門盛產蚵仔，小吃就挑蚵嗲和蚵仔麵線就對了，此外還有虱目魚香腸和鹽焗蛋、鹽焗皮蛋。

鹽焗蛋是早期當地漁民出門工作時，為了節省外食費用而隨身攜帶經過鹽巴焗烤過的白煮蛋。吃起來蛋白很有嚼勁，還有淡淡的香氣，值得一嘗。

府、北門遊客中心（看潟湖）、井仔腳瓦盤鹽田、東隆文化中心（東隆宮王爺信仰文物館）、七股鹽山（潟湖可賞黑面琵鷺）及台灣鹽博物館。

台南北門附近還有許多濱海或鹽田文化景點可逛，例如：雙春濱海遊憩區、海濤園觀光休閒漁場、蘆竹溝觀光漁港、懷舊路線的錢來也雜貨店、北門溴提塔、北門九氳氳（相傳爲鄭成功姑媽之墓園）、台灣烏腳病醫療紀念館及頑皮世界野生動物園等。

其中錢來也雜貨店以前曾是台鹽鹽工福利社，也是電視偶像劇《王子變青蛙》拍攝場景，是遊客的最愛。

住宿介紹

除了二〇一三年年底即將啓用的現代化七層樓高之香客大樓「鯤鯓王會館」外，代天府目前的主要住宿建築是

以閩式四合院風格建築而成的槺榔山莊，建於一九八九年。分爲北苑、中觀與南院三棟建築，能容納三百多位住客，規模龐大，造價上億。樓閣亭台的庭園造景十分古典雅緻，在此住宿彷彿置身百年前的大戶院落，甚至還曾出借古裝劇作爲拍攝場景。

座落於槺榔山莊古意盎然的磚牆廊道間，香客大樓套房簡單整潔，和式通鋪則有日本溫泉旅社的古樸風格。

槺榔山莊的主要建築爲鯤海樓，一樓是可供千人用餐的餐廳，二樓爲仿古宮殿式會議廳，氣派輝煌，有三百多個座位，還有交誼廳可聊天休憩，無論是機關團體活動或家庭三兩出遊度假，都有足夠的空間。

南鯤鯓代天府槺榔山莊

台南市北門區鯤江里976號

寺廟（06）786-3711

住宿（06）786-4711

www.nkstemple.org.tw

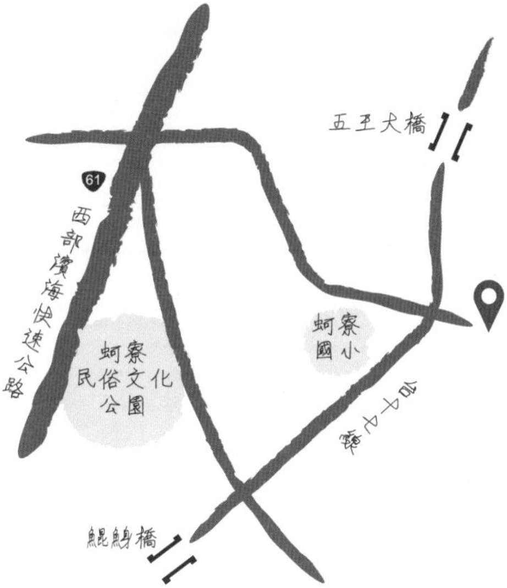

交通

搭火車到台南火車站，改搭興南客運至南鯤鯓，或從台南新營搭新營客運到南鯤鯓。

房型

類型	間數	清潔費	房內設備	房外設備
雙人單床套房	40	如需住宿，請逕洽	冷氣、電視、電扇、枕頭、棉被、衣架、掛勾、拖鞋 、熱水瓶、吹風機、毛巾、牙刷、牙膏、洗髮精、沐浴乳	飲水機、洗衣機（洗衣粉請自備）、wifi（櫃台處）
雙人雙床套房				
6人3床套房	10			
10人5床套房	12			
10人和式榻榻米套房	2			
10人通鋪木板套房	2			

訂房

訂房	收費方式	門禁	盥洗備品	可否攜葷食	男女分房	停車場
需預約	開感謝狀	無 給房間鑰匙	有	可	無要求	小客車 上百輛

推薦指數

交通便利度	生活機能度	住宿舒適度	景觀怡人度	接待親切度
★★★ 客運或開車	★★★ 園內有餐廳、附近有小吃	★★★ 房內簡單乾淨	★★★★★ 古典建築	★★★★★ 人員親切

總評：欣賞傳統建築藝術及文化、香火鼎盛，週邊景點繁多，不愧是米其林三星景點，待新香客大樓落成將更加完美。

高雄

令人驚豔的六星級香客大樓

內門順賢宮

令人驚豔、具六星級飯店規格的超豪華住宿，如果不是「香客大樓」四個字，你萬萬想不到這裡是寺廟住宿。結合文創、美景、美食，是去南台灣旅遊的絕佳落腳處。

高雄內門順賢宮位於接近台南與高雄交界的內門鄉山間，廟宇和香客大樓面湖而建，風景怡人，環湖散步十分愜意，附近還有登山景觀步道，依山傍水，遠離塵囂。

這樣就開運

順賢宮的主神爲天上聖母，也就是媽祖。前殿並祀奉黃府千歲、池府千歲、中壇元

帥。後殿安奉十八羅漢尊者、南海觀音佛祖、福德正神、註生娘娘等神明。二樓凌霄寶殿則敬拜南、北斗星君、玉皇上帝及三官大帝。不少民眾來此點光明燈、文昌燈，香火鼎盛、香客絡繹不絕。廟內建築金碧輝煌、雕工細緻，無論石材或木料都屬上好材質，質感絕佳。

這樣好熱鬧

每年國曆三至四月是高雄內門最忙碌熱鬧的時節，因應觀音佛祖及媽祖誕辰，各地文武陣頭來此參與宋江陣頭大

賽，嘉年華式的氣氛不僅傳承了地方宗教文化，也點燃了承先啓後的創意與藝術。

還有與宋江陣同時舉辦的「總舖師美食饗宴」，現在想品嘗辦桌手藝不必坐下來吃辦桌，總舖師將美食做成一人一份的特色便當，可以帶著到處吃，這也是將傳統辦桌文化推陳出新的文創新點子。

周遭散心路線

順賢宮旁有個登上廟後小山的「嶺頂登山步道」，路程平坦好走，距離不長，可小小健身一下。或到距離不遠的「龍山景觀休閒登山步道」，是健行和欣賞台東啞口日出及台南平原日落美景的好地方。附近還有

內門紫竹寺及內門南海紫竹寺可前往參香。南海紫竹寺旁有「宋江兵器展示館」，內有《水滸傳》梁山一〇八條好漢的各式臉譜陳列。或至鴨母王祠及朱一貴文化園區參觀，喜歡花藝植物者，可到鄰近種滿火鶴花的「眞美花園」觀光農場，賞花喝咖啡。

若能開車行得更遠，可考慮到旗山老街、美濃客家村、六龜不老溫泉等地二日遊。

附近美食

內門最知名的就是龍眼花蜜和花生糖，龍眼花蜜和龍眼乾皆飽滿濃郁，是多次得獎的農產品。內門也盛產竹筍，因此鮮筍、筍乾、酸筍、脆筍等竹筍類製品也都是熱門的伴手禮。

住宿介紹

內門順賢宮香客大樓「益賢山莊」，不愧是號稱六星級的香客大樓，從房內設備到餐廳、藝品區等公共區域，整棟建築幾乎與一般商務飯店無異，就連擁有彩色琉璃窗的氣派大廳，也是全台香客大樓中數一數二豪華寬敞的。

另有自助式或和菜早餐，餐廳可辦團體筵席，一桌兩千元。或單點小炒，餐廳可容納六十桌。到一旁的咖啡廳還能喝喝咖啡和養生茶飲，再來點小西點蛋糕、三明治等。除了網頁上的「香客大樓」四個字提醒這裡是寺廟住宿以外，全爲大飯店標準，令人無法相信這裡是傳統印象中的香客大樓。

還有中型與大型會議室，設備相當新穎、現

代、專業，有投影機、電動投影布幕等，甚至還有飲料茶點的服務，可事先預約。

台灣人玩到哪都喜歡高歌一曲，這裡也有相當高級的百萬音響視聽室，可預約在此唱卡拉OK或欣賞電影。

敢自稱「六星級」，以上當然只是基本設備。順賢宮獨樹一格地與文創潮流結合，飯店大廳內特別設置的藝品區也有機場免稅店的精緻與氣勢，陳列順賢宮的可愛公仔、T恤、明信片、自製手工皂等質感與設計感兼具的紀念品，還有地方農產品，的確具有飯店等級的高規格和水準。

就連服務人員也打破傳統，全部交由旅館管理團隊經營，採用磁化房卡，一切以住客爲上，十分專業。館內所有大小床單毛巾都交給承包五星級飯店的洗滌公司以高溫殺菌程序清洗，該公司不接醫院生意，以免與醫療用床單混洗，相當嚴格，無怪乎這裡總是進香團的最愛。

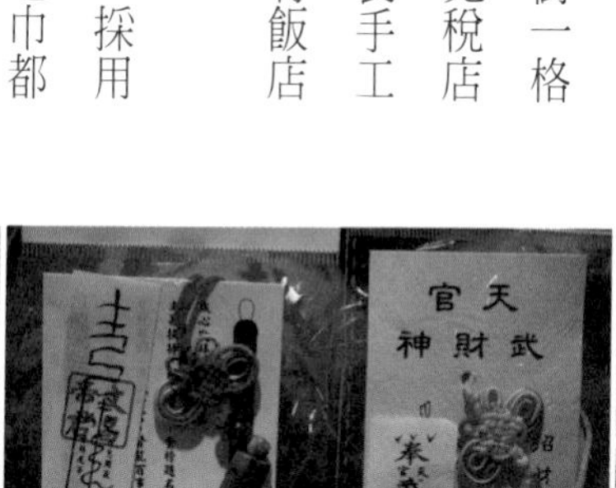

也許你會好奇：爲什麼向來被視爲傳統保守的宮廟，竟能力主年輕化，不僅舉辦大專青年宋江陣的傳承比賽，還跨足文創領域，製作出令年輕人也愛不釋手的精緻公仔、手工皂等周邊產品？原來順賢宮如總幹事等管理階層，在退休前曾是貨櫃航運業十分成功的大企業家，不但重視創新，也堅持正派經營和口碑，並對委外經營的品質嚴格把關，有如此眼界和高度，難怪不同凡響，讓益賢山莊在短短五年內便闖出名號、經營得有聲有色。又因香客大樓並非以追求利潤爲目的，故能提供香客們物超所值的高質感服務。

內門順賢宮

高雄縣內門鄉內南村菜園頂8號-8（實踐大學正對面）

益賢山莊（07）667-4820

www.shunsian.org

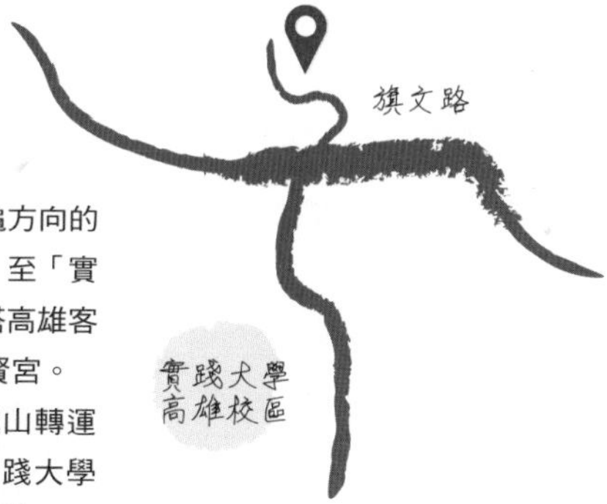

交通

可從高鐵左營站搭高雄客運往旗山、美濃或六龜方向的班車，在「旗山南站」轉搭往南化的台南客運，至「實踐大學站」下。或從台南火車站或旗山轉運站搭高雄客運9122路到「實踐大學站」下，再徒步抵達順賢宮。

每逢週六有從旗山發車的免費接駁車，可從旗山轉運站、旗山糖廠等站搭高雄客運免費巴士到「實踐大學站」下，再走路到順賢宮，詳情請上高雄客運網站。

房型

類型	間數	清潔費	房內設備	房外設備
2人套房	38	參考油香 請電洽	冷氣、電視、電扇、枕頭、棉被、衣架、掛勾、拖鞋 、吹風機、桌椅、冰箱、燒水壺、礦泉水、浴帽、香皂、牙刷、毛巾、刮鬍刀、玻璃杯、梳子、浴室止滑墊、浴室門口踏布、信封、紙拖鞋	飲水機 洗衣機 電梯
4人套房	51			
8~15人和式房	9			

訂房

訂房	收費方式	門禁	盥洗備品	可否攜葷食	男女分房	停車場
需預約	開感謝狀	24h服務 房間磁卡	有	可	無要求	小客車 上百輛

推薦指數

交通便利度	生活機能度	住宿舒適度	景觀怡人度	接待親切度
★★★★ 客運或開車	★★★★ 一樓有餐廳及咖啡廳	★★★★★ 豪華舒適美觀	★★★★★ 依山面湖好景緻	★★★★★ 人員專業親切

總評：名不虛傳的六星級香客大樓！

坐在充滿禪意的庭園，看著日昇日落，時間在這一刻似乎已經靜止……遠離世俗的紛擾，給自己一個身心充電的最佳去處！

滌身心

台南

沈澱心靈與
體驗自然生機的禪境

白河達摩禪院

白河達摩禪院和一般民間的傳統宮廟不同，是走現代養生及景觀休閒風的身心靈中心，相當具有人文書卷氣息，提供養生餐、禪房、心靈課程和有機農園，無論是一個人放空靜思或親朋好友散心聚聚，都很適合。

達摩禪院是結合佛教、中醫、養生、課程、民宿和餐廳的所在，院長爲上海中醫學院客座教授，一家三代都是學佛的中醫師，期許改善社會風氣、推廣身心靈成長，故以入世的方式，諸如養生飲食、有機栽種、心靈課程、禪修精進、舒憩禪房等，期許替民眾提供「生活禪」的活動與場地。

這樣就靜心

達摩禪院院位在白河山區，院區氣氛安靜優雅，散步在院區的太極池、觀自在池畔、森林步道、觀心坪，聽周遭的蟲鳴鳥叫，讓平日的雜念沉澱，靜觀自己的呼吸與大自然的韻律。

進入園區後映入眼簾的第一間建築是「院務處」，也是提供民眾心靈諮詢的所在，除了一般中醫病

（左三及右圖由達摩禪院提供

症外，也有減壓、放鬆、體重控制、戒除惡習、潛能開發及自我催眠等諮詢。

隔壁建築的佛堂供奉達摩禪師、琉璃光藥師佛及釋迦牟尼佛，一旁還有可供禪坐的座椅及步驟教學，在這裡還能抄經靜心，可體驗放下我執的留白空間。達摩禪院的籤詩做成書卡的樣式，造型典雅，與一般廟宇的薄紙有些不同，值得收藏。還有製作相當精巧的「祈願包」，綜合了達摩禪院宗教與養生的元素，開創十分具有新意的結緣小物。

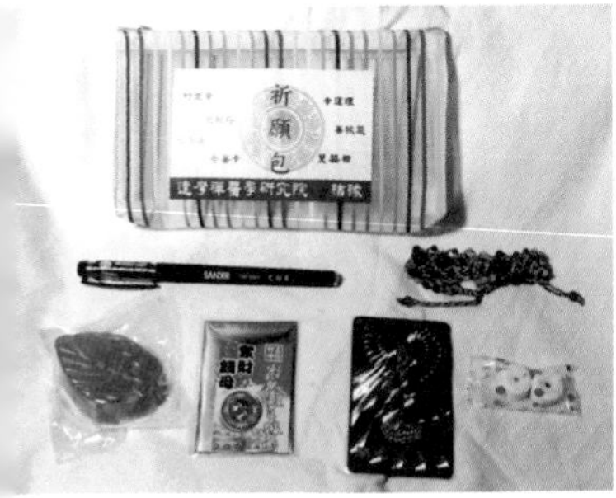

達摩禪院平時有各式課程，如養生教室的養生食療講座，以及可學作精油香皂、香皂和握香（非直插式的線香）的手工藝ＤＩＹ班，未來還規畫創意健康點心班，生活處處是禪意。喜歡種植花草的綠拇指則可學習生機園藝課程、認養園內花木及分租菜園，在耕讀中領悟禪機，在農作中實踐禪理。

這樣好養生

用膳所在「如是齋」提供的中餐三五〇元養生火鍋吃到飽，是由中醫碩士親自調配的藥膳火鍋，搭配園區內自家種

▲上及左下照片由達摩禪院提供

植的藥材和食材，適合需要滋補順氣時來上一鍋。還有摘自自家菜園的歐式素食自助餐和蔬果簡餐可選擇，相當健康。本來此處只是種植有機蔬菜自己吃，後來因為菜色太豐富而吃不完，索性開闢為養生食補區開放給來學習中醫養生的民眾，而後慕名而來的客人越來越多，此處的素食養生餐、反而成了許多民眾家庭聚餐或開同學會的首選，可說是無心插柳柳成蔭。

院區內的「法因果生機菜園」是讓植物聆聽佛曲生長的自然菜園，不施農藥，全為人工除草，因此只要來菜園協助拔草，就能免費吃到園內的新鮮蔬菜，健康又養生，還能從中體驗慢活、樂活的禪機，以最友善的方式——有機，來親近天地自然。

達摩禪院還提供些許療程，例如養生筋絡蒸氣藥浴烤箱，週六日對外開放，常有不少民眾遠道而來。

周遭散心路線

白河地區有將近一整年的百花季，三月看木棉花、四月賞南洋櫻、五月是阿勃勒，還有六至七月的蓮花、九月起的台灣欒樹，以及十一至十二月的蓮藕，當地有不少相關活動，如單車賞花、DIY手作等能親近當地特色產業的體驗。

周遭最知名的景點便是到關子嶺溫泉風景區看水火同源，或到白河水庫走走，至白河蓮香亭賞蓮，還有西拉雅國家風景區及竹門綠色隧道。

若想走人文路線，可考慮附近的烏山頭親水公園和八田與一紀念館，後壁區的無米樂社區及碩果僅存的日

附近美食

每年六至七月的蓮花季，白河地區不少餐廳都會推出蓮花相關飲食，如蓮子羊羹、蓮子糕、蓮花茶、蓮藕粉、蓮藕茶、水火蜜蓮酥、水火香蓮酥等。

鄰近的東山鄉是東山鴨頭的創始地，近年開發的東山咖啡園區也可走走。

台南市區的國華街、民族路是小吃集散地，許多人氣美食都在這裡，可以一路吃到底。

式木造車站——後壁火車站、吉貝耍平埔文化園區或台南市的台灣文學館，有各式紀念特展，值得走走。

住宿介紹

達摩禪院的獨特之處不只在於身心靈養生，更在於精緻與細心。有些香客大樓雖然硬體設計現代豪華，卻可能在原木家具旁赫然出現橘色大型塑膠垃圾桶，或在板岩壁磚的和風浴室裡突兀地擺著螢光綠的十元商店塑膠網籃。然而達摩禪院卻沒有此類問題，整體風格十分統一，無論是泰式木雕巨象造型座椅、中式潑墨山水字畫、如東南亞海島VILLA般全透明玻璃採光，到歐風的衛浴，維持一貫優雅舒心的風格，大致上並無違和感。

在這樣清靜自在的園區裡，可以輕鬆地卸下俗世的煩憂，可徹底放鬆、減壓，房內甚至還有按摩椅呢！在此與大自然和自我接近，收費也比坊間民宿便宜，非常適合沉澱心靈、靜思禪修。

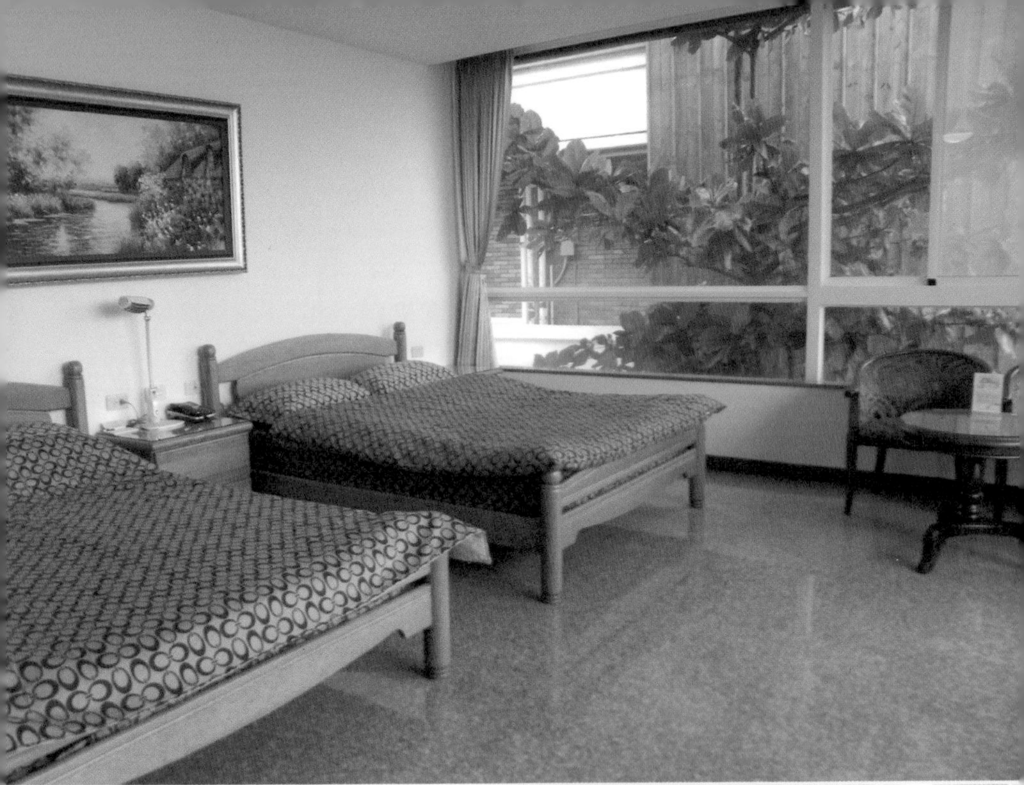

白河達摩禪院（善知院）

台南市白河區虎山里木屐寮37號

（06）683-1338

damou.org.tw

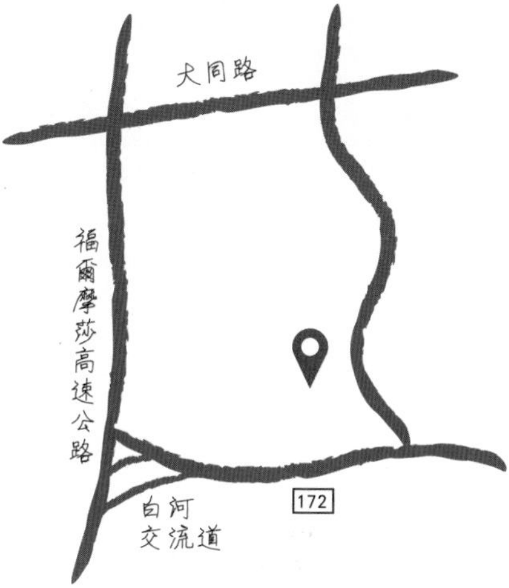

交通

搭火車或客運至台南市新營區之新營客運總站，轉搭7404「新營—關子嶺」路線，至「虎子墓站」下車，車程約半小時，下車後再步行數分鐘可達。

房型

類型	間數	清潔費	房內設備	房外設備
2人套房	4	費用逕洽	吊扇、電視、按摩椅、枕頭、棉被、衣架、掛勾、拖鞋 、熱水瓶、電話、早餐、寬頻網路線	飲水機 電梯
3人套房	1			
VIP4人套房	1			

訂房

訂房	收費方式	門禁	盥洗備品	可否攜葷食	男女分房	停車場
需預約	開感謝狀	山門門禁為9pm，有房間鑰匙	響應低碳環保自備亦可提供	不鼓勵	無要求	小客車20~30輛

推薦指數

交通便利度	生活機能度	住宿舒適度	景觀怡人度	接待親切度
★★ 客運或開車	★★★ 園內有餐廳	★★★★★ 舒適乾淨 設計雅緻	★★★★★ 景觀怡人 視野遼闊	★★★★★ 人員禮貌親切

總評：處處充滿禪意的頂級靜心景點！

高雄

在雅緻的建築中
享受心靈藥浴

美濃
一本書道院

結合宗教與民宿的院所，位於山明水秀的高雄美濃，附贈藥浴的房間風格清靜雅緻，非常適合散心放空。

如果你想和日劇《多金社長小資女》的男主角日向徹一樣，遇到事業瓶頸時能到寺院小住放鬆，又能與睿智的住持談心請教，那麼這個遠離塵囂、氣氛寧靜、建築雅緻的地方，是不錯的選擇。

靜修好所在

一本書道院供奉三清道祖：原始天尊、靈寶天尊、道德天尊。道教相傳三清道祖爲天地創始、亙古以來最恆久的神尊，接近其他宗教的造物主之意。據可感應氣場的同行友人表示，此地的磁場相當強。

這樣好清心

在群山環抱道院內的園區設計十分素雅，戶外區域造景與建築外觀近似靜謐的日式風格，一走進室內卻又轉爲中式古典風格，整個院區的建築分爲「山境」「心竹」「持松」「禾田」「滌塵」「寄禪」等部分，占地一甲半，是院主花了整整四年的精神和心力逐步打造的心血結晶。

在道院園區內，可向院方借用單車輕鬆小逛四周環境，能見到幾個造型典雅

的涼亭，以及日本神社常見的古樸石燈。

整體環境相當清幽寧靜，在亭子裡靜坐、冥想，呼吸新鮮空氣，將俗世的羈絆暫拋腦後。或可讀一本好書、品一口香茶，讓疲憊的心靈充飽電，準備再出發。

園區內還有餐廳，提供葷素各種菜色，十人一桌兩千五百元起，涼亭後方則有咖啡飲茶區，可享用下午茶和冰品。

言談中總是相當有哲理的院主，並非墨守教條或拘泥於俗世眼光的書呆子，而是熱心又好客的退休人士，早年經營漁業成功，後來抱持著「讓生活融入宗教，而非宗教融入生活」的想法，認爲應該以當下爲出發點在日常生活中修持，而非只是一味的捐錢蓋廟，卻不把日

子過好，想提供民眾一個清靜的修心所在，「一本書道院」於焉誕生。院主喜歡和客人泡茶聊天，也許鬱結已久的心事可以在此得到抒發與建議。

周遭散心路線

美濃最有特色的就是客家文化、古蹟與美食，在此享受農村慢活的樂趣。著名的景點有永安老街、鐘理和紀念館、東門樓、林春雨門樓、敬字亭、水橋（立農之水）、百年公井等。冬天花季時欣賞美麗的波斯菊花海，或逛美濃夜市、嚐嚐美濃粄條、擂茶和客家小吃高麗菜封、炒水蓮等。若有開車，鄰近的旗山也有老街可逛。

住宿介紹

在一本書道院裡的禪房有兩種型態，一是十六坪的房間，另一個是二十一坪的家庭式大房，幾乎和都市裡公寓一般大了，空間十分寬敞。更難得的是室內設計非常有獨特風格，古意盎然的家具與質感極好的床單毛巾等，是院主秉持著「要做就要做到最好」的理念完成的住宿環境。這裡的宗教色彩不像一般宮廟那樣三步五步一個功德箱，反而比較類似「可以修道」的清靜特色民宿。

附近美食

美濃遠近馳名的「廟口粄條 」是網路上許多部落客推薦的傳統美食，除了必嘗的客家粄條外，炒野蓮、客家鹹豬肉等，口碑都不錯。這家的粄條相當Q彈，肉燥鹹香下飯，野蓮炒薑絲、鹹豬肉則配蒜苗入口，味道搭配得十分好，相當涮嘴，難怪總是坐滿客人。

鎮上有間「泰涼冰城」主打古早味紅茶清冰，標榜老字號，清冰加了煉乳增添味道，是夏日遊客的最愛。

附近不少小店還有傳統客家點心如草仔粿、紅龜粿和豬籠粄（菜包），都可試試。

在此住宿都可以免費享受舒服的藥草浴，浴池由女媧石建造而成，加入熬了三個小時的中藥青草原汁到浴池水中，非常養生，價格卻比一般民宿實惠，是宗教、靈修界口耳相傳的私房好宿。

一本書道院

高雄市美濃區龍蘭街17號

(07) 685-0155

www.one-book.net

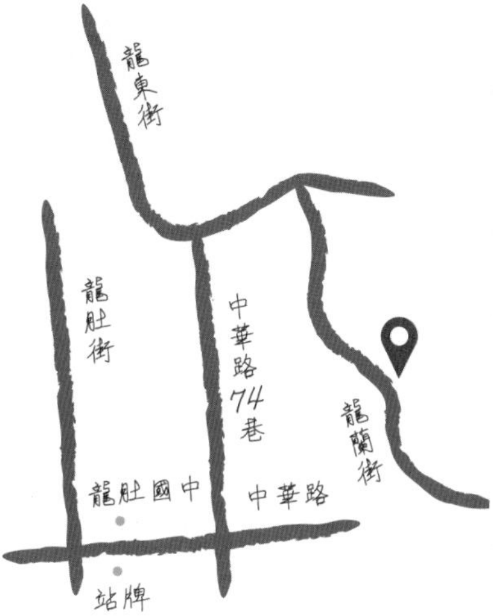

交通

從高鐵左營站搭高雄客運8025、8038往六龜方向，也是到「龍肚路口」或「龍肚國中」站下車後再步行。

或從旗山搭高雄客運假日免費接駁車到美濃，週六與週日走不同路線，可來個旗山、美濃二日遊，詳情請上高雄客運網站查詢。

高雄客運有「旗美國道快捷電動公車」，從高鐵左營站到旗山和美濃，到美濃區公所再轉高雄客運8025、8038，到「龍肚路口」或「龍肚國中」站下車後走路約半個小時可達。

房型

類型	間數	清潔費	房內設備	房外設備
2人套房（16坪）可加2床	12	費用逕洽	冷氣、電視、電扇、枕頭、棉被、衣架、掛勾、拖鞋、熱水瓶、冰箱、礦泉水、咖啡包、衛生紙、桌椅、牙刷、牙膏、沐浴乳、洗髮精、毛巾、浴帽、刮鬍刀、吹風機、加床、早餐	飲水機
2人套房（21坪）可加2床	12			

訂房

訂房	收費方式	門禁	盥洗備品	可否攜葷食	男女分房	停車場
需預約	開感謝狀	8pm前入住、給房間鑰匙和磁卡	有	可	無要求	小客車10~20輛

推薦指數

交通便利度	生活機能度	住宿舒適度	景觀怡人度	接待親切度
★★ 客運或開車	★★★ 園區內有餐廳	★★★★½ 風格質感兼具	★★★★★ 庭園雅緻幽靜	★★★★★ 人員熱心親切

總評：安靜優雅又養生的好地方，現在知道的人還不多，是非常適合靜心的舒適住宿。

宜　蘭

婉美溫泉飯店的
紓壓饗宴

礁溪協天廟

來到溫泉鄉礁溪，不必害怕溫泉旅館太貴，礁溪協天廟的忠義大樓可是完全不輸溫泉飯店的香客大樓呢！

宜蘭縣勅建礁溪協天廟是創始於清朝嘉慶年間的關帝廟，位於礁溪鄉，後方正集資興建的聖祖殿，供奉關聖帝君妻室胡玥夫人及聖帝祖先，是全台首座祭祀關夫人的廟宇。而提供香客住宿的忠義大樓外觀設計採泉州式風格，也是礁溪唯一的泉州式建築。

這樣就開運

敕建礁溪協天廟安奉關聖帝君，也就是台灣北部的漳州人所稱的「協天大帝」，廟宇建築修刻用心，值得參觀，平日午後仍有不少民眾來此敬拜，香煙裊裊，可求取籤詩，或點關公造型的平安燈祈求平順安康。

溫泉香客大樓

以溫泉出名的礁溪鄉，是到宜蘭必遊的鄉鎮之一，到礁溪豈有不

泡溫泉之理？協天廟的香客大樓一改過去禪房僅提供簡單落腳住宿的刻板印象，不但提供飯店等級的服務及設施，還由礁溪國小引進天然溫泉水到每個房間，也是台灣第一間可泡溫泉的平地香客大樓。

周遭散心路線

擁有好山好水的宜蘭，熱門景點相當多，如果想來點不一樣的深度體驗之旅，可走一趟「有機農場之旅」。到冬山鄉「中山休閒農業區」走走並體驗ＤＩＹ綠茶冰淇淋、綠茶粉圓、有機柚花茶、柚香銅鑼燒、檜木筷、童玩等十餘種有趣的製作活動，還能在其中的「一佳村」品嘗養生料理，是非常有機樂活的新玩法。

其中「一佳村」青草園的「田園樂活養生料

▼主打養生料理的一佳村（左二圖均由宜蘭縣政府農業處提供）及清芬可挹的柚花。

理」別富盛名，是擁有廚師證照的園主與家人自行研發的養生料理，針對各種時節將各種有機藥用植物以五行（五色）原理入菜，例如鹽烤蝦、魚腥草燉雞湯、龍葵炒蛋、白斬土雞、養生果凍、雜糧飯、青草茶等，以及五彩繽紛的五行酒釀湯圓。

住宿介紹

一般香客大樓多半是簡單的通鋪，對於採光、美觀等條件並不十分講究，或是砸下重金蓋出豪華套房，卻相當可惜地在公共空間堆了一些雜物。礁溪協天廟忠義大樓可說

附近美食

忠義大樓一樓有「檸檬魚」泰國料理和「小木屋」咖啡店簡餐，布置的氣氛和食物都不壞，民視本土劇《風水世家》還曾到咖啡店取景。小吃方面，當地人推薦協天廟右方的魚羹和附近的大碗公牛肉麵，還有很有個性的老闆最多只准客人買兩個饅頭加五個包子的「礁溪包子饅頭專賣店」。若到宜蘭其他鄉鎮遊覽，還有蘇澳有名的「義珍香」爆漿鮮奶吐司。

宜蘭的知名伴手禮相當多，也大多提供試吃，可以嘗試看看有無喜歡的味道再購買。例如作麵包起家的老店「奕順軒」，以及「宜蘭餅」發明館、「諾貝爾」奶凍捲等知名店家，不僅常推出當季新口味，在礁溪與宜蘭市、羅東等地鬧區也不難找到分店。

是相當令人「驚豔」的香客大樓，因爲從外觀、裝潢、設備、服務到細節幾乎都和商務旅館一模一樣，甚至還是溫泉套房，讓香客大樓住宿有了全然嶄新的體驗。

礁溪協天廟的忠義大樓新穎明亮、整潔乾淨，由於委外經營，旅館專業管理使得裡裡外外的細節都做得頗爲到位，牆上掛的是精緻的3D繪畫，配以鹵素燈打光照明，質感非凡。

由於是服務性質，忠義大樓擁有飯店的設備和規格，卻比飯店更經濟實惠，尤其是每逢假日就房價高漲的礁溪，此地卻只收清潔管理費，房內還有溫泉可泡，十分舒適，又是落成僅兩年的新穎客房，實在是相當難得的香客大樓。

欲前往協天廟香客大樓住宿的民眾，不妨先到協天廟參香走走，無論是進香團或小家庭香客，館方都歡迎入住。

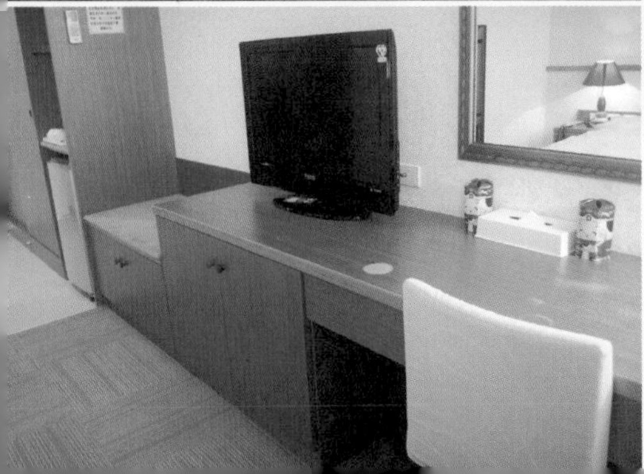

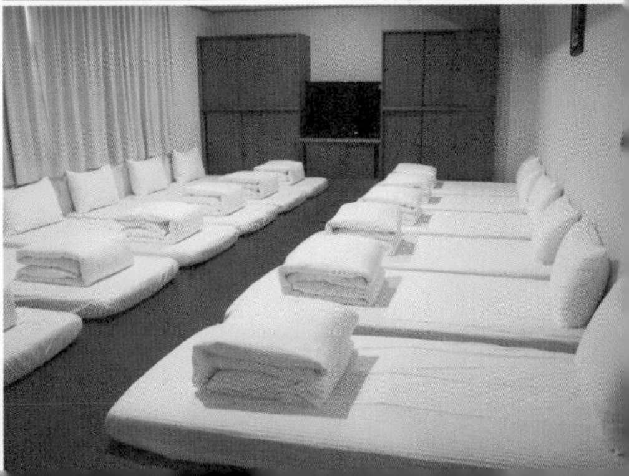

礁溪協天廟

宜蘭縣礁溪鄉礁溪路四段59號

忠義大樓（03）987-3777

www.sttemple.org

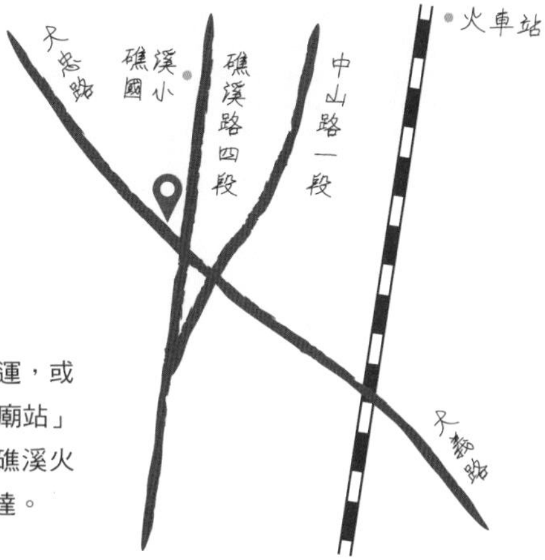

交通

若從台北出發可於台北轉運站搭葛瑪蘭客運，或於市府轉運站搭乘首都客運到「礁溪協天廟站」下車，車程約70分鐘左右。或搭火車到礁溪火車站，沿中山路往南步行約15~20分鐘可達。

房型

類型	間數	清潔費	房內設備	房外設備
2人套房	28	請電洽	冷氣、電視、電扇、電話、枕頭、棉被、衣架、掛勾、桌椅、紙拖鞋、熱水瓶、冰箱 、礦泉水、衛生紙、吹風機、毛巾、牙刷、牙膏、沐浴乳、洗髮精、棉花棒、牙線棒、茶包、瓷杯、梳子、刮鬍刀、浴帽、早餐、迎賓點心、網路線、浴室門口踏布、止滑墊、溫泉	電梯、wifi (櫃台)
4人套房	26			
12人通鋪套房	4	請電洽	與套房相同但不含早餐	

訂房

訂房	收費方式	門禁	盥洗備品	可否攜葷食	男女分房	停車場
需事先預約、若有空房亦可當天入住	開感謝狀	24H服務 房間磁卡	有	可	無要求	小客車 20~30輛

推薦指數

交通便利度	生活機能度	住宿舒適度	景觀怡人度	接待親切度
★★★★ 客運或開車	★★★★ 樓下有餐廳 附近有小吃	★★★★★ 新穎舒適美觀	★★★★½ 遠眺龜山島和蘭陽平原	★★★★★ 人員專業親切

總評：可泡溫泉又像飯店一樣舒服的高品質香客大樓，值得體驗！

PLUS

苗栗

即將完工的
溫泉型香客大樓

大福五路財神廟

採草莓、吃客家菜、洗溫泉……適合闔家出遊，求財參拜之旅一點也不無聊！

大福（湖）五路財神廟又名「大湖財神山莊」，前身為「台北財神宮」，二〇一三年剛從台北搬遷到以草莓聞名的苗栗縣大湖鄉，對面即是隸屬於大湖農會的知名景點「大湖酒莊」及「草莓文化館」，有各種草莓特產及周邊商品。因武財神十分靈驗，就連藝人秦偉及命理老師余雪鴻都曾帶團前往參拜。

這樣就開運

苗栗大福五路財神廟敬奉的五路財神分別為：中路財神—趙公明神尊，玄壇眞君。東路財神—蕭升神尊，招寶天尊。西路財神—曹寶神尊，納珍天尊。南路財神—陳九公神尊，招財使者。北路財神—姚少司神尊，利市天尊。

廟方表示，武財神相當靈驗，民國一〇〇年十一月，廟內義工楊傑生住家大樓一樓半夜電線走火，當時正在睡夢中的他被神明叫醒，並告知「發生火災還不快逃」，才及時逃過一劫。

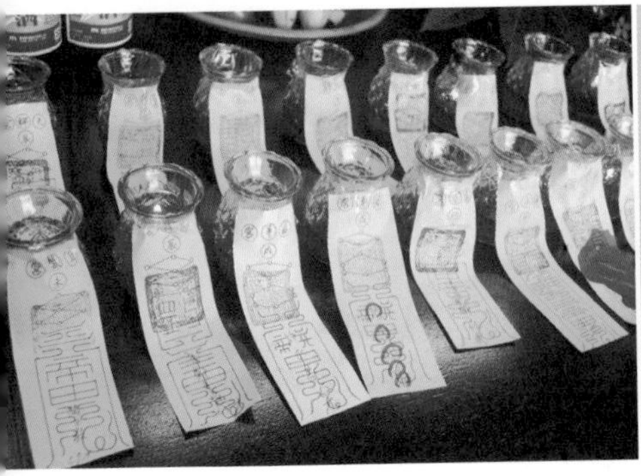

五路財神廟副祀大天尊及虎爺，不少民眾前來財神銀行安聚寶盆、補補財庫金或求取事業母金。擲筊得到聖筊者可求取一次三百元創業母金，一年後歸還，有借有還。當天若連續三次都無筊者只能隔日再問。

廟方認爲宗教都是勸人向善，鼓勵信眾求財也要多行善事，才會得到福報。大福五路財神廟用來「補財庫金」的紙元寶不但特別漂亮，還別出心裁地設計了「時來運轉錶」，可期許自己「秒秒都獲利」（取「苗栗」的諧音），並有財神祈願卡、財神財利符或財神寶袋，可提醒自己努力工作，並增添事業信心。

這樣好好玩

財神山莊附近就有一些可採草莓的觀光農園，可在

每年冬天草莓盛產的季節，體驗採草莓的樂趣。喜歡草莓的血拚一族可在大湖酒莊的草莓文化館中逛逛，四、五月也可在苗栗附近山區欣賞桐花，或上汶水老街品嘗客家小吃。

大湖附近有不少好吃的客家菜，例如大湖鎮上有家「龍之坊」是當地老饕推薦的客家餐廳，客家菜和一些混搭料理都有不錯的口碑。

周遭散心路線

若喜歡人文路線，可開車到鄰近的清水老街（洗水坑、又名清安豆腐街）吃吃走走，或更往山裡走，到泰安溫泉泡湯也是不錯的選擇。

住宿介紹

財神廟宮主光明居士曾於北巡武德宮擔任義工筆生三年，早年經營建設公司相當成功，身價一度高達二十億，後來轉往宗教界，立志協助神明度化眾生，規畫興建溫泉禪房服務群眾。

財神山莊目前已全新完工部分通鋪禪房，而更新的香客大樓預定於二〇一三年年底興建完成，屆時將提供「溫泉套房」住宿，泉水為在地自家挖掘的大湖溫泉井。還將推出「託夢房」可與神明感應，尋找事業靈感。外部規畫興建文武財神文物館、月下老人祠，及陳列農特產品的商店街。

附近美食

大福五路財神廟對面的草莓文化館中有許多經濟實惠的客家小吃，如豬籠粄（菜包）、芋頭糕等。距離財神廟不遠的「南北通」客家菜也不錯。

大福五路財神廟

苗栗縣大湖鄉富興村下街八寮灣九鄰3-32號

（037）995-038

傳真（037）955-234

http://tw.myblog.yahoo.com/jw!6kccjKWGER5cCPcpa.5o5vcsWM2S/

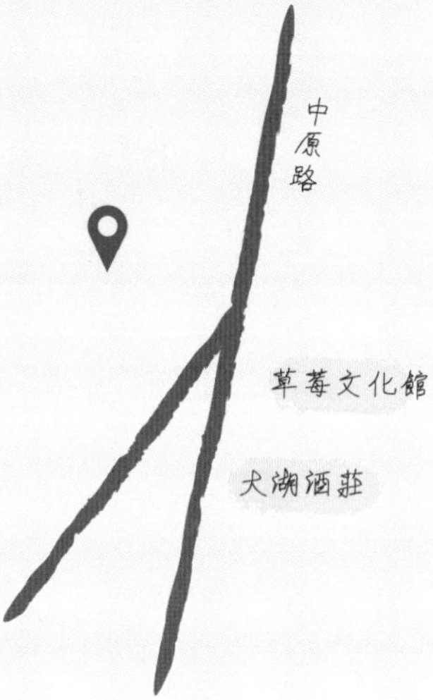

交通

搭國光客運至苗栗車站，再於同一車站轉搭新竹客運「汶水大湖線」，請駕駛先生在「大湖酒莊站」停靠，過馬路即是大福五路財神廟。

或從苗栗火車站前搭新竹客運往大湖方向，於「大湖酒莊站」下，過馬路即可抵達。

房型

類型	間數	清潔費	房內設備	房外設備
2~6人套房 含露天風呂SPA	20	含溫泉湯屋 （費用逕洽）	冷氣、電視、電扇、枕頭、棉被、衣架、掛勾、拖鞋、熱水瓶	飲水機、露天風呂SPA
8人通鋪雅房	2	$800/人	枕頭、棉被、衣架、掛勾	

訂房

訂房	收費方式	門禁	盥洗備品	可否攜葷食	男女分房	停車場
需預約	開感謝狀	請逕洽	通鋪 需自備	可	無要求	小客車 20~30輛

推薦指數

交通便利度	生活機能度	住宿舒適度	景觀怡人度	接待親切度
★★ 客運或開車	★★★ 對面為大湖酒莊及店家	★★★ 已完工之通鋪房簡單乾淨	★★★ 遠眺群山	★★★★ 人員親切

總評：好玩又好吃的祈福之旅！

附錄　全台寺廟住宿一覽表（2014最新校訂版）

整理製表：943

寺廟名	地址	電話
	台北市	
松山慈惠堂	台北市松山區福德街251巷33號	02-27261735
松山奉天宮	台北市松山區福德街221巷12號	02-27279765
	新北市	
石碇姑娘廟	新北市石碇區永定村大湖格路22之1號	02-26631937
石門情人廟	新北市石門區楓林路42號	02-26380741
	桃園	
龍潭南天宮	桃園縣龍潭鄉上林村100號	03-4792375
	新竹	
五指山灶君堂	新竹縣北埔鄉外坪村8鄰六股11之12號	03-5802049
五指山玉皇宮	新竹縣北埔鄉外坪村8鄰11號	035-802052
五指山觀音禪寺	新竹縣竹東鎮瑞峰里4鄰94號	03-5801429
	苗栗	
獅頭山勸化堂	苗栗縣南庄鄉獅山村17鄰242號	037-822020
白沙屯拱天宮	苗栗縣通宵鎮白東里8號	037-792058
大福五路財神廟	苗栗縣大湖鄉富興村下結八寮灣9鄰3-32號	037-995038
獅潭靈洞宮	苗栗縣獅潭鄉小東勢24號	037-931373
	台中	
大甲鎮瀾宮	台中市大甲區順天路158號	04-26763522
大甲西靈宮	台中市大甲區成功路251巷1號	04-26871184
無極三清總道院	台中市外埔區水美村山腳巷77號	04-26868999
谷關大道院	台中市和平區東關路一段450號	04-25943555
	南投	
松柏嶺受天宮	南投縣名間鄉松山村松山街118號	049-2581008
九天玄女總廟	南投縣草屯鎮雙冬里雙冬巷28鄰13之1號	049-2572014
	彰化	
花壇文德宮	彰化縣花壇鄉白沙村彰員路360號	04-7867345
鹿港天后宮	彰化縣鹿港鎮玉順里中山路430號	04-7779899

寺廟名	地址	電話
	雲林	
麥寮拱範宮	雲林縣麥寮鄉麥豐村中正路3號	05-6932033
口湖福安宮	雲林縣口湖鄉下崙福安路22號	05-7991628
土庫順天宮	雲林縣土庫鎮中正路109號	05- 6622658
斗六南聖宮	雲林縣斗六市南聖路301號	05-5325335
斗南順安宮	雲林縣斗南鎮明昌里長安路222號	05-5972541
北港朝天宮	雲林縣北港鎮中山路178號	05-7832055
五條港安西府	雲林縣台西鄉中央路76號	05-6982054
臺西安海宮	雲林縣台西鄉民權路6巷16號	05-6982214
三條崙海清宮	雲林縣四湖鄉崙北村海清路93號	05-7721005
四湖參天宮	雲林縣四湖鄉湖西村關聖路87號	05-7872444
東勢賜安宮	雲林縣東勢鄉東南村四安路25號	05-6991025
馬鳴山鎮安宮	雲林縣褒忠鄉馬鳴村鎮安路31號	05-6973150
	嘉義	
朴子配天宮	嘉義縣朴子市開元路118號	05-3792350
東石港先天宮	嘉義縣東石鄉東石村246號	05-3732643
新港奉天宮	嘉義縣新港鄉新民路53號	05-3742034
	台南	
台南開元禪寺	台南市北區北園街89號	06-2374035
安平天后宮	台南市安平區國勝路33號	06-2238695
鹿耳門聖母廟	台南市安南區城安路160號	06-2577547
北極殿玄天上帝廟	台南市下營區下營村中山路一段1號	06-6892362
南鯤鯓糠榔山莊	台南市北門區鯤江村976號	06-7864711
東山仙公廟	台南市東山區南勢里14號	06-6861502
驪山老母宮	台南市南化區南化村14鄰289之1號	06-5773202
麻豆代天府	台南市麻豆區南勢里關帝廟60號	06-5710294
厚德紫竹寺	台南市南化區東和里108之1號	06-5771234
白河達摩禪院	台南市白河區虎山里木屐寮37號	06-6831338

寺廟名	地址	電話
	高雄	
新莊天后宮	高雄市左營區自由三路178巷2號	07-3410080
覆鼎金保安宮	高雄市三民區鼎金一巷36號	07-3509573
旗津天后宮	高雄市旗津區廟前路95號	07-5712115
美濃一本書道院	高雄市美濃區龍蘭街17號	07-6850155
內門順賢宮	高雄市內門區內南里菜園頂8-8號	07-6674820
東照山關帝廟	高雄市大樹區小坪村忠義路1號	07-3710981
南海紫竹寺	高雄市內門區中正路115巷18號	07-6671602
甲仙龍鳳寺	高雄市甲仙區東安村油礦巷3號	07-6752331
月慧山觀音禪院	高雄市內門區金竹里圓通路1號	07- 661465
開天玉府天宮	高雄市甲仙區西安村和南巷6號	07-6751349
甲仙王母宮	高雄市甲仙區西安村和南巷2號	07-6751309
甲仙靈隱寺	高雄市甲仙區寶隆村光華路28號	07-6752123
旗尾五龍山鳳山寺	高雄市旗山區高111鄉道37號	07- 6612768
	屏東	
車城福安宮	屏東縣車城鄉福安路51號	08-8821345
龍華三宮	屏東市中正路748巷11號	08-7362775
楓港普濟禪寺	屏東縣獅子鄉龍山路楓林二巷118號	08-8772326
東隆宮	屏東縣東港鎮東隆街21-1號	08-8322374
大潭保安宮	屏東縣東港鎮大潭路17號之9	08-8351356
楓港龍峰寺	屏東縣獅子鄉龍山路121號	08-8771373
照靈宮香客中心	屏東縣滿洲鄉中山路107號	08-8801133
	宜蘭	
冬山三清宮	宜蘭縣冬山鄉得安村三清路123號	03-9515135
羅東爐源寺	宜蘭縣羅東鎮維揚路515巷16號	03-9518825
大里天公廟	宜蘭縣頭城鎮濱海路七段33號	03-9781075
金媽祖香客大樓	宜蘭縣蘇澳鎮南正里江夏路17號	03-9962726
礁溪德陽宮	宜蘭縣礁溪鄉中山路二段133號	03-9882248

寺廟名	地址	電話
	宜蘭	
礁溪白鵝湖玉清宮	宜蘭縣礁溪鄉白鵝村柴圍路48-8號	03-9288363
礁溪協天廟	宜蘭縣礁溪鄉礁溪路四段59號	03-9873777
大福補天宮	宜蘭縣壯圍鄉大福村壯濱路六段279號	03-9301171
聖安宮媽祖廟	宜蘭縣羅東鎮忠孝路48號	03-9544021
	花蓮	
慈惠石壁部堂	花蓮市國福里石壁街280巷32號	03-8570951
慈懿道院	花蓮縣花蓮市中山路一段203巷3號	03-8563619
天鼎宮	花蓮市國福里福光街91號	03-8578218
港天宮	花蓮縣花蓮市中山路一段500巷15號	03-8560031
五穀宮	花蓮縣吉安鄉中山路3段99巷18號	03-8521334
天真聖宮	花蓮縣吉安鄉吉祥4街52號	03-8534819
勝安宮	花蓮縣吉安鄉慈惠三街118號	03-8528658
聖地慈惠堂	花蓮縣吉安鄉慈惠三街136號	03-8531886
法華山慈惠堂	花蓮縣吉安鄉慈雲路52號	03-8579792
瑞穗青蓮寺	花蓮縣瑞穗鄉瑞美村仁愛路109號	03-8872128
慈雲宮	花蓮縣吉安鄉吉安村山腳一街66號	03-8533280
豐濱女媧娘娘廟	花蓮縣豐濱鄉豐濱村小港1-2號	03-8791837
	台東	
台東市南王湄聖宮	台東市南王里更生北路731巷9號之1	089-224128
大武都玄天宮	台東縣大武鄉大鳥村和平66號	089-792880
池上北極玄天宮	台東縣池上鄉富興村34號之-1	089-863366
知本忠義堂	台東縣卑南鄉溫泉路龍泉路38號	089-512884
知本福靈宮	台東縣卑南鄉溫泉村溫泉路408巷36號	089-510043
知本玉明宮	台東縣卑南鄉溫泉村龍泉路128巷6號	089-513823
關山佛緣禪寺	台東縣海端鄉崁頂村中石76號	089-810184
寶華山慈惠堂	台東縣鹿野鄉瑞和村23鄰仙山2號	089-581229

943的香客大樓私房名單

齊備套房組

寺廟名稱	上榜原因
內門順賢宮	豪華、質感、設備齊全、新穎、美觀、專業
礁溪協天廟	專業、質感、新穎、設備齊全、旅遊聖地
旗津天后宮	設備齊全、旅遊聖地、美觀、新穎
鹿港天后宮	旅遊聖地、美觀、新穎、設備齊全
白沙屯拱天宮	新景點、設備齊全、新穎、美觀

註：2013年底南鯤鯓代天府全新香客大樓完工後將是一匹大黑馬

養生組特別獎

住宿名稱	上榜原因
白河達摩禪院	精緻、有機、清靜、心靈減壓
美濃一本書道院	風格獨具、氣氛、清幽、藥浴

經濟實惠組

寺廟名稱	上榜原因
花蓮天鼎宮	近花蓮市、新穎、套房清潔費每人250元
松山慈惠堂	可看101、台北市區、全新套房
覆鼎金保安宮	面湖、高雄市區
新莊天后宮	高雄市區、離捷運不遠、附近有夜市

250元內超便宜通鋪組

寺廟名稱	上榜原因
羅東聖安宮媽祖廟	採光通風良好、通鋪每人清潔費200元
白沙屯拱天宮之通鋪房	新穎整潔、通鋪每人清潔費200元
松山奉天宮之通鋪房	遠眺101、採光不錯，通鋪每人清潔費250元

隨喜功德組

寺廟名稱	上榜原因
台東都玄天宮	新通鋪、風景美、隨喜
南化厚德紫竹寺	別具風格的新套房、素膳也隨喜

按圖索廟

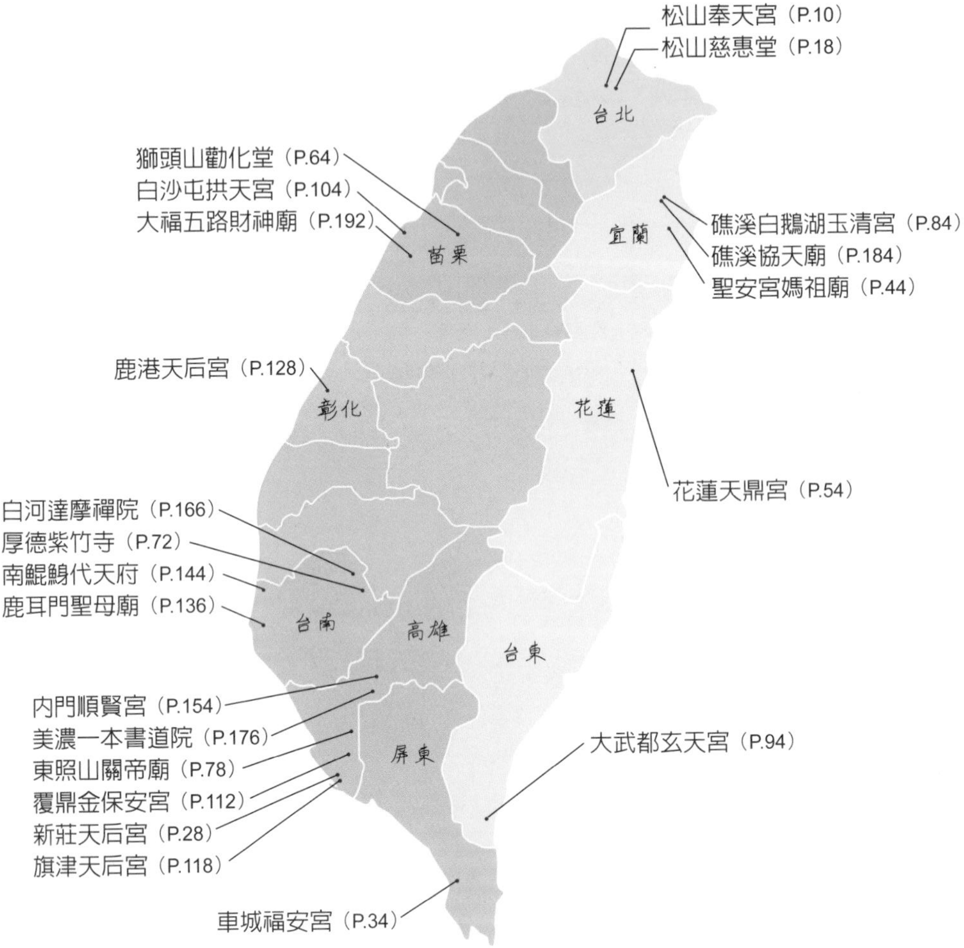

松山奉天宮（P.10）
松山慈惠堂（P.18）
台北
獅頭山勸化堂（P.64）
白沙屯拱天宮（P.104）
大福五路財神廟（P.192）
苗栗
礁溪白鵝湖玉清宮（P.84）
礁溪協天廟（P.184）
聖安宮媽祖廟（P.44）
宜蘭
鹿港天后宮（P.128）
彰化
花蓮
花蓮天鼎宮（P.54）
白河達摩禪院（P.166）
厚德紫竹寺（P.72）
南鯤鯓代天府（P.144）
鹿耳門聖母廟（P.136）
台南
高雄
台東
內門順賢宮（P.154）
美濃一本書道院（P.176）
東照山關帝廟（P.78）
覆鼎金保安宮（P.112）
新莊天后宮（P.28）
旗津天后宮（P.118）
屏東
大武都玄天宮（P.94）
車城福安宮（P.34）

The Eurasian Publishing Group
圓神出版事業機構
用心與你對話．網野無限寬廣

圓神出版社
Eurasian Press

http://www.booklife.com.tw reader@mail.eurasian.com.tw

圓神文叢 143

來去寺廟住一晚——超省錢！美食、美景，身心靈一次滿足

作　　者／943
發 行 人／簡志忠
出 版 者／圓神出版社有限公司
地　　址／台北市南京東路四段50號6樓之1
電　　話／（02）2579-6600．2579-8800．2570-3939
傳　　真／（02）2579-0338．2577-3220．2570-3636
郵撥帳號／18598712　圓神出版社有限公司
總 編 輯／陳秋月
資深主編／林慈敏
責任編輯／林振宏
美術編輯／劉嘉慧
行銷企畫／吳幸芳．凃姿宇
專案企畫／吳靜怡
印務統籌／林永潔
監　　印／高榮祥
校　　對／林振宏．沈蕙婷
排　　版／陳釆淇
經 銷 商／叩應股份有限公司
法律顧問／圓神出版事業機構法律顧問　蕭雄淋律師
印　　刷／龍岡數位文化股份有限公司
2013年 7月　初版
2020年11月　7刷

定價 280 元　ISBN 978-986-133-457-8
版權所有．翻印必究
◎本書如有缺頁、破損、裝訂錯誤，請寄回本公司調換
Printed in Taiwan

每一本書，都是有靈魂的。
這個靈魂，不但是作者的靈魂，
也是曾經讀過這本書，與它一起生活、一起夢想的人留下來的靈魂。
——《風之影》

想擁有圓神、方智、先覺、究竟、如何、寂寞的閱讀魔力：

- 請至鄰近各大書店洽詢選購。
- 圓神書活網，24小時訂購服務
  免費加入會員．享有優惠折扣：www.booklife.com.tw
- 郵政劃撥訂購：
  服務專線：02-25798800 讀者服務部
  郵撥帳號及戶名：18598712 圓神出版社有限公司

國家圖書館出版品預行編目資料

來去寺廟住一晚——超省錢！美食、美景，身心靈一次滿足 / 943 作.
-- 初版. -- 臺北市：圓神，2013.07
208 面；14.8×20.8公分. --（圓神文叢；143）
ISBN 978-986-133-457-8（平裝）

1.臺灣遊記 2.寺廟

733.61 102009289